JN430271

영성이 깊어지는 큐티

송원준 지음

두란노

영성이 깊어지는 큐티

지은이 | 송원준
초판발행 | 2000. 11. 7.
87쇄 발행 | 2025. 9. 26.
등록번호 | 제 3-203호
등록된 곳 | 서울시 용산구 서빙고동 95번지
발행처 | 사단법인 두란노서원
영업부 | 749-1059 FAX 080-749-3705
출판부 | 794-5100(#344)
인쇄처 | 제형인쇄

▌책값은 뒤표지에 있습니다.
ISBN 89-531-0016-X 03230

▌독자의 의견을 기다립니다.
tpress@tyrannus.co.kr   http://www.Durano.com

큐티 23

두란노서원은 바울 사도가 3차 전도 여행 때 에베소에서 성령 받은 제자들을 따로 세워 하나님의 말씀으로 양육하던 장소입니다. 사도행전19장 8-20절의 정신에 따라 첫째 목회자를 돕는 사역과 평신도를 훈련시키는 사역, 둘째 세계선교(TIM)와 문서선교(단행본 · 잡지)사역, 셋째 예수문화 및 경배와 찬양 사역, 그리고 가정 · 상담 사역 등을 감당하고 있습니다. 1980년 12월 22일에 창립된 두란노서원은 주님 오실 때까지 이 사역들을 계속할 것입니다.

영성이 깊어지는 큐티

추천사

  깊은 영성은 깊은 묵상에서 나옵니다. 존재가 변화되는 깊은 묵상은 결코 쉬운 일이 아닙니다. 깊은 묵상은 자신을 잃어버리는 대가를 지불하는 과정에서 얻게 되는 하나님의 은총의 사건입니다. 존재가 변화되는 역사는 말씀을 붙잡는 차원을 넘어서서, 말씀에 붙잡힐 때 일어납니다. 「영성이 깊어지는 큐티」를 쓴 송원준 목사님은 말씀 묵상을 통해 깊은 영성을 체험한 분입니다.

  대학 시절에 존귀하신 예수님을 만난 송 목사님은, 자신을 말씀 앞에 굴복시키는 삶을 살았습니다. 송 목사님의 생애에 큐티는 동반자요, 안내자가 되었습니다. 하나님은 큐티를 통해 송 목사님에게 말씀하셨고, 큐티를 통해 인도하셨습니다.

저는 가까이서 송 목사님과 함께 배우고, 함께 일해 왔습니다. 송 목사님은 큐티를 통해 성장하고, 성숙한 분입니다. 저는 날마다 새롭게 성장하는 송 목사님의 모습을 지켜보면서, 말씀 묵상의 능력을 새삼 확인할 수 있었습니다.

오랜 기간 동안 큐티를 하면서 제게 가장 어려운 것은 큐티를 지속하는 일입니다. 그런데 송 목사님은 큐티를 지난 17년 동안 변함없이 지속해 왔습니다. 생명의 본질은 지속성에 있습니다. 대가는 지속성에 의해 만들어지고, 지속성은 탁월함에 이르는 길입니다. 여러분이 읽게 될 이 책은 큐티를 처음 하는 분에게는 큐티의 길라잡이가 될 것이며, 깊이 있는 큐티를 원하는 분에게는 더욱 깊은 차원의 큐티를 할 수 있도록 도와 줄 것입니다.

이 책에는 깊은 말씀 묵상의 경험이 기록되어 있습니다. 또한 그 동안 영성에 관한 책들을 번역하고, 영적 독서에 힘써 온 저자의 깊은 통찰력이 담겨 있습니다. 저는 송 목사님을 만날 때마다 새 시대를 위해 하나님이 준비시킨 목회자요, 작가라고 생각해 왔습니다. 이 책을 읽으면서 여러분의 영혼이 더욱 맑아지시길 빕니다. 무엇보다도 주님을 깊이 만나시는 기회가 되시길 빕니다. 말씀을 묵상하는 영혼은 아름답습니다. 묵상하는 사람들은 아름다운 사람들입니다. 고상하고, 아름다운 영혼들이 이 책을 통해 함께 만나 교제하는 기회가 되길 바랍니다.

LA 로고스 교회
강준민 목사 드림

저자 서문

큐티는 즐겁다.

내가 이렇게 말하면 많은 사람들이 내게 물을 것이다.

"정말?"

정말로 그렇다.

물론 큐티를 해야 한다고 생각하는 모든 순간이 언제나 즐거운 것은 아니다.

사실, 하기 싫은 때가 더 많다. 적당히 말씀을 읽고 넘어 가고 싶은 날이 더 많다.

그러나 요즘은 거의 매번 일단 말씀 묵상에 들어가면 큐티가 주는 즐거움, 더 정확히 말하면 하나님께서 말씀을 통해 주시는 즐거움에 흠뻑 젖는다.

때론 감격하고
때론 분노한다.
때론 통곡하고
때론 함박 웃는다.

어제 지은 죄가 생각나서 성경을 열기조차 두렵기도 하다.
그 죄를 무조건 용서하신다는 말씀을 눈물 너머 읽는다.

하나님의 말씀은 냉동고에 보관하던 빵보다 더 딱딱해서 먹고 싶은
생각이 전혀 없기도 하다.
갓 구워 낸 베이글처럼 반지르르 윤기가 흘러 바라만 보아도 이미 먹
은 것처럼 배가 부르기도 하다.
맥시머스가 젊은 시이저의 가슴에 꽂은 비수처럼 내 마음에 하루종
일 꽂혀 있기도 하다.
그래서 나를 괴롭힌다.
가을 언덕 가냘픈 들풀을 건드리는 바람처럼 내 마음에 하루 종일 선
선하기도 하다.
그래서 나를 시원하게 한다.

큐티를 잘하는 방법은 없을까?
큐티를 빼먹지 않고 할 수는 없을까?
큐티가 재미있다는 사실을 발견하면 큐티를 잘하게 된다.
큐티가 정말 내게 유익하다는 사실을 경험하면 빼먹지 않고 하게 된다.

이 책은 큐티에 대한 이론보다는 방법을 다루었다.
큐티의 다양한 형식을 보여 주기보다는 큐티하는 과정을 보여 주고
있다.
몇 구절을 읽어 내려가는 간단한 구절 큐티로부터 시작해서
본문 속에서 하나님의 원리를 발견해 내는 원리 중심 큐티까지
점진적으로 발전하는 큐티의 과정을 소개하고 있다.

이 책은 그냥 읽는 것으로도 재미있을 것이다.
그러나 함께 큐티를 해보면 더욱 재미있을 것이다.

그 재미가 즐거움으로 바뀌고,
그 즐거움이 깨달음으로 바뀌고,
그 깨달음이 내적 평안과 확신으로 바뀔 때,
당신은 내면의 성소에서 언제라도 하나님과 교제하는 비밀을
알게 될 것이다.
그 곳에 하나님의 소리가 있다.
그 곳에 하나님의 향기가 있다.
그 곳에 하나님의 사랑이 있다.

큐티를 할 수 있다는 것은 분명,
하나님의 말할 수 없는 은혜이다.

2000년 10월. 미국 로스앤젤레스에서

송원준 목사

머리말

1999년 ○월 ○일 큐티

본문: 창세기 29:15-30

A. 제목: 야곱의 삶(3)

B. 중심 구절: 야곱이 아침에 보니 레아라 라반에게 이르되 외삼촌이 어찌
  하여 내게 이같이 행하셨나이까 내가 라헬을 위하여 외삼촌께 봉사하지
  아니하였나이까 외삼촌이 나를 속이심은 어찜이니이까(25절).

C. 문맥(Context)

  인생은 참으로 재미있다. 모든 인생을 주관하는 천주가 계시지 않는다면
  인생에서 일어나는 모든 일들을 설명할 길이 없다. 야곱이 경험하고 있는
  이 인생은 차라리 희극적이다. 너무나 드라마틱하다. 하나님은 외방에서
  야곱이 만나고 있는 사람들과의 관계를 통하여 그를 다루어 가신다. 그는
  하나님이 보내신 '인생 채찍'을 통해 인생과 하나님을, 그리고 자기 자신
  을 배우고 있다.

D. 묵상: (Meditation)

  야곱은 무엇을 배우고 있나? 자신의 어떤 모습을 보고 있는가? 하나님은
  야곱을 어떻게 다루어 가고 계신가?

1. 하나님은 '인생 채찍'을 통해 당신의 사람을 다루어 가신다.

이것을 좋은 말로 하면 '신적인 만남'(Divine Contact)이라고 할 수 있다. 하나님은 당신의 사람을 훈련하시고 깎으시기 위해 당신이 예비하신 '사람들'을 사용하신다. 인생을 배워야 하는 야곱에게 하나님이 허락하신 인물은 바로 외삼촌 라반이었다. 다이아몬드를 깎을 수 있는 것은 다이아몬드밖에 없다. 철을 날카롭게 할 수 있는 것은 철밖에 없다. 철보다 약한 것, 다이아몬드보다 약한 것으로는 철과 다이아몬드를 다듬을 수 없는 것이다.

따라서 야곱을 다루시는 하나님은 야곱보다 더 사기성이 많았고 더 잔꾀에 능하고 더 야심적인 인물을 예비하셔야 했다. 라반이 바로 그런 인물이다. 라반은 리브가의 오라비로서, 자신의 것을 빼앗기지 않으려는 '움켜쥐는' 스타일의 사람이다. 아브라함의 종 엘리에셀이 리브가를 만나서 이삭의 아내로 삼고자 데리고 가려 했을 때, 리브가를 지체하도록 종용한 사람이었다. 야곱은 자기보다 더 지독한 사람 라반을 만난 것이다.

라반은 속이는 사람이다. 마치 야곱이 에서를, 그리고 아비 이삭을 속였던 것처럼 그는 "아우를 형보다 먼저 시집보내는 법이 없다"는 합당한 이유를 들어 야곱을 속인다.

하나님이 만나게 하시는 인물은 모두 하나님이 보내시는 인물이다. 만남이라는 것이 그리스도 밖에서는 우연이요 내 선택의 결과일 수 있지만, 그리스도 안에서는 모두 하나님의 섭리의 결과이다. 참으로 이상하게도, 하나님은 선택하신 당신의 사람의 어떠한 모습을 깎으시기 위해서 그 사람과 동일하거나 더 지독한 사람을 만나게 하사 그 자신의 모습을 보게 하신다. 야곱은 라반을 통해 자신의 야심적인 모습, 목적을 위해서 수단을 합리화하는 모습, 자기 위주의 인생 해석 방식 등을 관찰하게 되었다.

하나님이 내게 붙여 주신 사람들:

K를 통해 나는 나의 게으름을 보았다. 내가 얼마나 나 위주의 가정 생활을 하고 있는지 보았다. 얼마나 다른 사람을 배려하지 않고 종 된 마음을 갖기보다는 주인공 의식을 가득 담은 채 살아가고 있었는지를 보았다. 모든 사람이 다 나를 섬기고 나를 중심으로 사건들이 펼쳐져야만 한다는 착각을 가지고 살았다. 관계에서 언제나 중심에 있기를 원하며 가장자리로 떨어져 나가는 것을 참지 못하는 모습을 보았다. 나의 그 무엇을 성취하기 위해서 다른 사람의 희생과 수고를 당연하게 혹은 아무렇지도 않게 여기는 못된 마음이 있다는 것을 보았다.

M을 통해 내가 얼마나 주장하는 사람인지를 보았다. 권위적인 모습을 보았다. 앞장서려고 하는 모습을 보았다. 모든 것을 내 손아귀에 붙잡고 있어야 한다는 우물 안 개구리의 모습을 보았다. 대접받기 원하는 마음이 얼마나 많은지를 보았다.

B를 통해 얼마나 내가 속 좁은 사람이었나를 보게 되었다. 어떻게 해서라도 자기 영역을 지켜야 한다는 옹졸한 모습을 보았다. 내가 가진 것을 날마다 계산하고, 어떻게 하면 그것이 더 불어날 수 있을까를 셈하는 치사한 모습을 가지고 있었던 것이다.

이렇게 하나님은 당신께서 예비하신 사람들과의 관계 속에서 나의 치명적인 약점들을 들추어내신 것이다. 그것이 관계 속에서 발견될 때, 나는 그것이 나의 모습임을 알기 때문에 그 상대방을 이유 없이 싫어하고 불편해 했던 것이다.

나의 모습이 들추어지게 했던 사람과의 관계가 풀어지고 좋아졌다는 것은 하나님이 그 사람을 통해 나를 교훈하시고 채찍질하시는 것이 끝나간다는 의미이다. K와의 관계는 거의 100% 회복되었다. B와의 불편했던 관계도 이번 주면 일단락된다. M과의 관계는 앞으로 좀더 시간을 필요로 한다.

하나님께 감사를 드립니다. 주님이 허락하신 이분들이 모두 귀한 인생의 교훈이었고 하나님의 선물이었습니다. 앞으로도 주께서 만나게 하시는 사람을 기대합니다. 아픈 관계일수록 귀히 여기게 하옵소서. 마음이 나뉘고 깎이는 것을 통하여 주께서 원하시는 온전한 성품으로 완성되어 갈 것이기 때문입니다.

2. 인생은 심는 대로 거둔다.

평범한 진리이지만 야곱이 배워야 할 하나님의 원리이다. 야곱은 속이는 자였다. 형 에서와 아버지 이삭을 교묘히, 그러나 정당한 절차를 통해서 멋지게 속였던 것이다 그러나 지금 그는 외삼촌 라반에게 그대로 속임을 당하고 있다. 분명히 옆에 누워 있어야 할 라헬이 아침에 일어나 보니 레아였다. 어쩔 수 없이 당하고 만 것이다. 야곱은 삼촌에게 반문한다. "외삼촌이 나를 속이심은 어찜이니이까?" 사실, 이 반문은 야곱이 에서에게, 그리고 이삭에게 들어야 하는 외침이다. 그는 이렇게 말하고 나서 마음속으로 자신이 속였던 사람들과 그 일들을 추억하지 않을 수 없었을 것이다. "내가 그런 사람이었다니!!!"

야곱은 비로소 자신이 얼마나 속이는 자였는가를 깨닫게 된다. 속일 때는 속는 사람의 심정을 이해할 수 없었다. 에서가 얼마나 약이 오르고 괴롭고 억울했는지, 그리고 에서가 야곱을 얼마나 증오했는지, 죽이고 싶을 정도로 미웠는지를 조금이라도 생각할 수 없었다. 그러나 이제 야곱은 그것을 조금은 알 수 있게 되었다. 똑같은 방법으로 속임을 당했기 때문이다.

인생은 심는 대로 거두게 되어 있다. 하나님의 법칙이다. 야곱은 속임수를 풀었기 때문에, 그것을 심었기 때문에 지금 그것을 거두고 있는 것이다.

내가 오늘 무엇을 심는가가 매우 중요하다. 특히 사람과의 관계에 있어서는 더욱 그러하다. 내가 심는 것을 훗날 거두게 되어 있다.

은솔에게 아침에 화낸 것을 주님께 회개합니다. 은솔의 마음에 부담과 원망, 그리고 두려움과 좌절이 남지 않도록 도와 주세요. K를 마지막까지, 평안한 마음으로 선대할 수 있도록 도와 주세요. 이사하는 과정에서 최선으로 도울 수 있도록 역사하소서.

◆　◆　◆

나는 오늘 아침도 말씀으로 샤워를 했다. 세상의 모든 일들이 나를 삼킬 듯이 달려들어도, 나와 관계된 모든 사람들이 나를 이해하지 못하고 손가락질을 해도, 나의 주님, 나의 하나님이 한마디 위로의 말씀을 주시면 나는 살아난다. 샤워를 하루 이틀 하지 않아도 잘살 수 있다. 생명에 지장이 없다. 아무도 내가 샤워하지 않은 것을 눈치채지 못한다. 그러나 한 삼 일쯤 샤워하지 않으면 몸에서 이상한 냄새가 난다. 주위 사람들이 나의 흐트러진 머리 매무새에서, 윤기 잃은 얼굴빛에서 나의 더러워진 몸을 눈치채기 시작한다. 며칠 동안 샤워를 하지 않으면, 역시 생명에는 지장이 없어도, 이제는 다른 사람에게 피해를 주게 된다.

큐티는 말씀으로 샤워를 하는 것이다. 큐티하지 않아도 사는 것에는 지장이 없다. 하나님의 자녀라는 신분에는 아무런 변화가 없다. 그러나 큐티하지 않는 사람에게서는 악취가 난다. 그 사람 곁에 가기 싫어진다. 흐트러진 머리칼이며, 단정치 못한 옷이며, 윤기 잃은 얼굴이며….

큐티를 나눌 때 사람들은 내게 어떻게 하면 그렇게 큐티를 잘할 수 있게 되느냐고 묻곤 한다. 이 질문은 어떻게 그렇게 말씀을 잘 볼 수 있느냐는 물음이다. 하지만 내가 말씀을 잘 본 것이 아니다. 하나님이 하시는 말씀을 오랫동안 듣다 보니 자연히 말씀하시는 것을 놓치지 않게 되었을 뿐이다.

큐티를 잘하는 사람들의 나눔을 들으면서 보통 사람들이 갖는 또 다른 질문은, 나도 언제쯤이면 저렇게 화려한 큐티를 할 수 있게 될까라는 것이다. 사람들은 당장 화려한 큐티를 하기 원한다. 남들에게 멋진 큐티를 보여 주고 싶은가 보다. 그러나 큐티는 남에게 보여 주기 위한 것이 아니다. 자신의 내면을 열어 보기 위한 것이다. 큐티를 잘하는 사람들 가운데 대부분은 수많은 세월을 말씀과 함께 씨름한 사람들이다. 때로는 아무 먹을 것이 없는 황량한 벌판을 지나기도 했으며, 참된 양식이 아닌 것에 현혹되어 길을 잃었던 시절도 있다. 그러면서 점점 하나님의 음성을 분별해 내고 확신을 갖게 되면서 영적인 귀가 열리고 눈이 떠진 것이다. 누구도 하루아침에 큐티의 거장이 될 수는 없다.

날마다 하나님의 말씀을 영혼의 양식으로 먹고자 하는 사람은 "진리를 알지니 진리가 너희를 자유케 하리라"(요 8:32)는 말씀을 경험하게 된다. 말씀 속에서, 말씀과 함께 자유롭게 춤을 추는 삶. 나의 사고와 언어와 행동을 언제라도 어느 곳에서라도 자유롭게 하나님께 드릴 수 있는 삶. 그래서 하나님의 유연하고 유용한 통로가 되는 삶. 그것이 큐티하는 사람들이 소망하는 향기 나는 그리스도인의 삶인 것이다.

나는 모든 그리스도인이 큐티를 통해 하나님과 교제하는 복을 누렸으면 좋겠다. 하나님의 거부할 수 없는 음성을 날마다 아침마다 들었으면 좋겠다. 그러면 더 이상 "교회 다니는 사람은 많은데, 그리스도인은 찾아보기 힘들다"는 부끄러운 말을 듣지 않게 될 것이다. 이 작은 책이 말씀을 사랑하여 아침마다 말씀 앞에 무릎 꿇는 그리스도인들에게 격려가 되기를 원한다. 그리고 말씀을 어떻게 묵상해야 하는지 아직 방향을 잡지 못한 분들에게 유용한 지침이 되기를 원한다. 이 땅에 그리스도를 아는 지식이 편만해지기를 소망하며….

I

큐티로 시작한 나의 신앙 생활

등 떠밀려 시작한 큐티

죄인의 형통을 부러워 말고

시냇가에 심은 나무가 시절을 좇아

등 떠밀려 시작한 큐티

누가 나에게 "당신의 신앙을 유지하고 성장하게 하는 가장 핵심적인 도구는 무엇이냐?"고 물어 본다면 나는 서슴없이 큐티라고 대답한다. 큐티를 빼놓고는 나의 신앙을 생각할 수도 없고, 생각해서도 안된다.

나는 1983년 대학 시절에 예수님을 영접했다. 영접 즉시 지독하고 탁월한 선배를 만나 내 의사와는 상관없이 '기독교의 핵심'으로 질주하게 되었다. 내가 초신자로서 처음부터 배운 것이 큐티라고 하는 말씀 묵상이었다. 당시에는 그것이 제자 훈련 프로그램의 일부였기 때문에 억지로라도 큐티를 해야 했다. 나를 돌보아 주던 선배뿐 아니라 당시 내가 다니던 교회의 형제 자매들은 큐티하지 않는 사람을 혹성에서 탈출한 ET(외계인)쯤으로 보는 경향이 있었다. 만나기만 하면 인사로 물어 보는 게 "너 오늘 큐티 했니?"였고 그날이 며칠인지 까먹어서 머뭇거릴 때는 가차없이 "너 오늘 아침 큐티 안 했지!"라고 단정하곤 했다. 그런데 이 단정은 정확했다. 큐티를 안 한 날이면 어김없이 그날이 며칠인지 도무지 생각이 나지 않는 것이었다. 이 현상은 지금도 동일하다. 이 책을 읽고 있는 분 중에 오늘이 며칠인지 한참 생각해야 하는 사람은 아마 아침에 큐티를 안 했을 가능성이 많다!

여러 형제 자매들과 선배들에게 등 떠밀려 시작한 아침 큐티는 생각보다는 재미있었다. 아침에 일어나 성경 한 구절을 펼쳐 놓고 이리저리 생각해 보며 마음에 떠오르는 느낌이나 잔상을 노트에 적어 본다는 것이 싫지는 않았다. 처음 시도한 요한일서 큐티를 통해 말씀을 묵상한다는 것이 어떤 것인지 그 맛을 조금이나마 볼 수 있었다.

그러던 중 내게 큰 시험이 있었다. 여름 방학 훈련의 일환으로 열심히 큐티를 하던 어느 날 갑자기 이런 생각이 들었다.

'내가 지금 무얼 하고 있는 거지? 묵상이라는 게 뭐야, 결국 내 생각을 노트에 적는 거잖아. 만약에 성경을 읽고 묵상하지 않고 셰익스피어의 작품을 펼쳐 놓고 묵상한다 해도 결과는 같을 게 아닌가?'

이렇게 생각하고 나니 묵상을 노트에 적는다는 것이 무의미하게 생각되었다. 묵상을 통하여 하나님의 뜻을 발견할 수 있다는 선배들의 말이 모두 거짓말처럼 여겨졌다. 이런 생각은 일시에 나의 모든 영적인 활동을 중단하게 하고, 하나님의 존재 자체에도 회의를 갖게 하는 결과를 초래했다. 그 후로는 큐티를 제대로 할 수가 없었다. 당연히 나의 영혼은 말라 갔지만, 그렇다고 마음에서 동의되지 않는 행위를 기계적으로 반복할 수는 없었다. 그러나 그것이 훈련 프로그램의 일부였기 때문에 잘되지는 않았지만 쓴 한약을 먹는다는 셈치고, 그리고 숙제를 안 해 가서 벌금을 낼 돈이 없었기 때문에 정해진 큐티를 겨우겨우 몇 글자 적어 가는 수준에서 유지해 갔다. 초기의 나는 등 떠밀려서 큐티를 했었다. 그러나 그것이 나의 삶에 훈련이 되어 큐티하기 좋아도 하고 싫어도 할 수 있는 기본을 만들어 주었다.

죄인의 형통을 부러워 말고

1986년 6월 어느 여름날이었다. 큐티를 시작한 지 2년이 조금 넘어서였다. 그 해에 나는 동기 몇 명과 함께 대학원 석사 과정에 진학했다. 한 학기가 지나면서 우리는 각자가 원하는 전공에 대하여 논문 테마를 정하고 본격적인 연구를 위해 준비했다. 나는 평소에 관심을 가지고 있었던 반도체 분야의 연구를 하기 위해 여러 자료를 가지고 연구 준비를 했다. 그런데 어느 날, 하늘도 무심하던 그 날, 교수님이 나를 부르셨다. 나는 앞으로 할 연구에 대해서 방향을 정하고 필요한 사항을 점검할 요량으로 준비한 모든 것을 가지고 교수님을 찾아갔다. 그러나 교수님은 꿈에 부푼 나의 가슴에 얼음장보다 찬 물을 끼얹었다.

"송 군, 미안하게 됐네. 내가 자네의 논문을 계속 지도할 수 없게 되었네. 금년 여름부터 일 년 간 일본에 교환 교수로 연구차 가게 되었거든…"

"교수님, 저는 어떡하고요…"라는 원망의 말을 쏟아 내고 싶었지만 그럴 수도 없었다. 교수님은 내게 두 가지 안을 제시하였다. 둘 중 하나를 선택하라는 것이었다. 전공을 바꾸든지 아니면 일 년 휴학을 하든지.

'아니, 어떻게 전공을 바꾼단 말입니까? 그 분야를 연구하고 싶어서 대학원에 진학했는데, 어떻게 평소에 관심도 없었던 분야로 전공을 바꾸라는 겁니까? 그리고 휴학을 하라고요? 그러면 교수님이 제 대신 군대 가 주실래요?'

마음속으로 이렇게 울부짖고 있었다. 교수님의 제안은 현실적으로 실현 불가능한 책임 회피성 발언이었다. 교수님은 나의 원망 섞인 한숨에도 아랑곳없이 현해탄을 건너 일본으로 날아가셨다. 그 날 이후로 나는 연구실 문을 걸어 잠근 채 깊은 실의에 빠졌다. 당시에 우리 대학원에는 다섯 분의 교수님이 계셨고 각 교수님 밑으로 각각 두 사람씩 입학하였다. 그런데 그 해에는 유독 나의 지도 교수님 밑으로 나 혼자만 지원을 하게 되었다. 나의 사정을 속시원하게 터놓고 의논할 동료가 없었다. 게다가 같은 연구실의 선배들은 다른 연구 기관으로 위탁 교육을 받으러 가 있었다. 아무도 없는 연구실에서 나는 혼자 앉아 분을 삭여야만 했다. 함께 입학한 다른 연구실의 동기들은 논문 테마를 정했다고 자랑하며 난리들이었다. 그들은 내가 처한 상황이 안됐다며 위로했다. 말이 위로이지 사실은 비아냥거리는 것이었다.

"너 참 잘됐다. 맨날 예수 믿는다고 빠져나가고 어울리지도 않더니, 그래 결과가 뭐냐?"

사실, 예수 믿은 후 3년 동안 열심히 주님을 좇아왔다. 큐티도 열심히 했다. "여호와를 경외하는 자는 결코 수치를 당하지 않는다"는 말씀을 붙잡고 있었다. 동료들에게 결국은 하나님을 믿는 사람이 잘되는 것을 보이고 싶었다. 그런데 내가 당한 꼴은 말이 아니었다. 아홉 명의 신입생 중 예수를 가장 적극적으로 좇았던 나만이 유일하게 길이 막히게 되었던 것이다. 그 동안 전도했던 후배들에게도 체면이 말이 아니었다. 창피했다. 열심히 한다고 했는데….

그러나 무엇보다도 나를 실망시키고 답답하게 했던 것은 놀리는 동료들도, 후배들도, 무책임한 교수님도 아니었다. 그러한 상황을 만드시고 지금 아무 말 없이 계시는 하나님이었다. 나는 도대체 영문을 몰랐다. "하나님, 좀 심하신 것 아니에요…?" 일 주일이 가도 이 주일이 가도 하나님은 잠잠하셨다. 나의 큐티는 바닥을 기었다. 도무지 말씀이 들어오질 않았다. 하지만 이미 습관이 된 큐티를 안 할 수는 없었다.

한동안 그렇게 괴로워했다. 그러던 중 해결의 실마리가 풀리기 시작했다. 그날은 매우 흐린 날이었다. 이층 연구실 창문 밖으로는 가랑비가 처량하게 흩뿌리고 있었다. 마치 길을 잃고 헤매는 나를 비웃기라도 하듯이…. 그날은 23일이었다. 그 달은 잠언을 날짜에 따라 묵상하게 되어 있어서 잠언 23장을 묵상했다. 먼저 23장을 읽었다. 1절은 이렇게 시작한다.

네가 관원과 함께 앉아 음식을 먹게 되거든 삼가 네 앞에 있는 자가 누구인지 생각하며 네가 만일 탐식자여든 네 목에 칼을 둘 것이니라….

'아니, 하나님, 도대체 이 말씀이 지금 저와 무슨 상관이 있습니까?

웬 음식 먹는 얘깁니까? 저는 답답해 죽겠는데….'

죽 읽어 내려가면서 나는 속으로 불평했다. 그래도 멈출 수 없어서 끝까지 참고 읽어 갔다. 그런데 17절을 읽을 때 나는 깜짝 놀랐다. 그게 무슨 말씀이냐면, "네 마음으로 죄인의 형통을 부러워하지 말고 항상 여호와를 경외하라 정녕히 네 장래가 있겠고 네 소망이 끊어지지 아니하리라"였다.

이 구절에 눈이 닿자마자 나는 더 이상 읽어 내려갈 수 없었다. 즉시 나는 이 구절을 묵상하기 시작했다. 하나님은 이 구절을 통해서 나에게 말씀하기 시작하셨다.

> **"** 사랑하는 아들아, 얼마나 고통스러우냐? 모든 사람이 너를 무시하고 조롱하여도 너는 그들을 부러워 말아라. 네 마음으로 그들의 형통함을 부러워하지 말아라. 그리고 언제나 나를 경외하여라. 나는 너를 지은 만군의 하나님, 네 사랑하는 아버지니라. 아들아! 네 장래가 결단코 있을 것이며 너의 소망이 끊어지지 않을 것이다. **"**

물론 하나님이 이렇게 육성으로 말씀하시지는 않았다. 그러나 나는 묵상을 통하여 하나님의 마음을 읽을 수 있었다. 그렇다! 나는 마음으로 죄인들의 형통을 부러워하고 있었다. 그리고 하나님을 원망하고 있었다. 이제 나의 미래는 완전히 망가졌다고 생각했다. 여기서 모든 것이 끝났다고 생각했다. 이러한 나의 마음을 주께서 아셨다. 그래서 그날 아침, 그 말씀을 통하여 나를 위로하시고 도전하신 것이다.

여기까지 묵상이 진행되자, 나는 마치 길을 잃은 채 목적 없이 사막을

걷다가 오아시스를 발견한 것같이 마음 깊은 곳에서 생수를 들이키는 시원함을 경험하게 되었다. 하나님이 베푸시는 은혜가 엄청난 감격으로 다가왔다. 하나님은 어쩌면 이렇게 나를 정확히 아실 수 있단 말인가! 나는, 하찮은 나를 너무나도 세밀히 알고 계시는 하나님을 묵상하면서 가슴 벅찬 감사의 시간을 가졌다. 큐티를 마치고 창문을 열어 보니 여전히 가랑비가 내리고 있었다. 그러나 그것은 나를 조롱하는 비가 아니요, 나를 축복하는 비로 바뀌어 있었다. 상황은 바뀌지 않았다. 그러나 말씀을 통해서 그 상황 속에 있는 나 자신이 바뀐 것이었다.

이후로 나에게 다시 샘솟는 기쁨과 담대함이 생겨났다. 평소와 같이 웃으며 떠들었다. 동료들은 '드디어 제가 맛이 갔구나, 거의 정신 분열의 중기 단계를 향하고 있구나'라고 생각하는 눈초리였다. 그렇다. 나는 제정신이 아니었다. 하나님이 나의 장래가 있겠다고 말씀하셨고 나의 소망이 끊어지지 않겠다고 말씀하시는데 어떻게 기쁘지 않을 수 있단 말인가?

그로부터 며칠 후, 상황은 여전히 변하지 않은 가운데 과 사무실에서 전화가 왔다. 한국 과학 기술 연구원에서 웬 박사님이 찾아왔는데 좀 만나 보라는 것이었다. 나는 무슨 일인가 해서 내려갔다. 내용인즉, 그분은 몇 개월 전에 미국에서 학위를 마치고 국내에서 연구를 시작하려고 하는데, 연구 요원이 필요해서 내가 다니는 대학원에 의뢰를 했다는 것이다. 그런데 그분이 연구를 하고자 하는 분야는 우리 대학원에서 유독 내가 관심을 가지고 있었고, 다른 사람들은 이미 연구 테마를 정했을 뿐 아니라, 나는 지도 교수님을 잃고 우아한 백수로 놀고 있으니까 함께 일해 보자는 제의였다. 약간의 연구비 제공과 함께. 이게 웬 떡인가? 큐티를 하다 보니 호박이 넝쿨째 굴러 들어온 것이다. 그러나 나는 그 자리에서 "예스" 하지 않고 최대한 나의 자존심을 한껏 세웠다.

"아—네, 관심이 있긴 하지만 제가 좀 바빠서요. 일단 생각 좀 해보고 연락을 드릴게요."

그리고 일주일 후에 나는 동료들의 부러움을 한 몸에 받으며 당시 국내 최고의 연구 기관인 한국 과학 기술 연구원으로 입성하게 되었다.

시냇가에 심은 나무가 시절을 좇아

우리 하나님은 이런 분이시다. 큐티하는 자에게 말씀을 통해서 당신의 마음을 알리고 약속하고 이행하는 분이시다. 말씀을 묵상하는 사람은 시냇가에 심긴 나무와 같다. 남들이 보기에는 멍청하게 냇가에 서서 아무것도 안 하고 있는 것 같을 수도 있다. 그러나 그 나무는 하나님이 작정하신 시절이 오면 하나님이 원하시는 열매를 주렁주렁 맺는다.

나는 큐티의 직접적인 은혜를 구체적으로 체험하기까지 3년의 세월이 걸렸다. 그리고 말씀 묵상에 깊게 뿌리를 내리고 하나님과 대면하여 신비한 음성을 듣게 되기까지는 그보다 더 많은 세월이 걸렸다. 사람들은 귀한 것을 보면 부러워한다. 갖고 싶어한다. 그러나 귀한 것을 얻기 위해서 값을 지불하리라고 결단하지는 않는다. 결단했다 해도 지속하지 않는다. 여기에 비밀이 있는 것이다.

피아노를 연주하기 전 가장 먼저 해야 할 일은 피아노를 조율하는 일이다. 만약 피아노가 조율되지 않았다면 아무리 훌륭한 연주자가 하는 연주도 소음일 뿐이다. 큐티는 우리가 하루의 삶을 시작하기 앞서 우리 영혼을 하나님께 조율하는 것이다. 기도의 용장 E.M. 바운즈는 이런 말을 했다.

그리스도의 성품을 그대로 보여 주는 사람들, 그리고 주님을 위해 세상에서 가장 영향력 있는 삶을 살아가는 사람들의 두드러진 특징은 하나님과 많은 시간을 함께 보냈다는 것이다. 주님과 만나는 일을 소홀히 하는 사람은 하나님을 위해 아무것도 할 수 없다.

나는 오늘도 새롭게 결심한다. 내 평생 동안 큐티를 하리라고, 아침마다 묵상을 통해 하나님의 말씀을 듣겠다고….

2

큐티는 어렵지 않다

큐티는 성경 공부가 아니다

큐티가 어렵다고 느껴지는 가장 큰 이유 중 하나는, 아마도 하나님의 말씀을 공부하는 것이 큐티라고 생각하기 때문일 것이다. 하나님의 말씀을 공부하는 것은 쉽지 않다. 일단 일반적인 성경 해석의 원리를 다 알아야 오류 없이 말씀의 의미를 깨달을 수 있기 때문이다. 내가 처음 큐티를 시작할 때 나를 가르쳐 주던 분은 이렇게 말하곤 했다.

"이 구절을 읽고 그냥 마음에 떠오르는 것이나 느껴지는 것을 써 봐."

나는 이 말을 찰떡같이 믿고 그대로 하였다. 당연히 어렵지 않았다. 큐티는 쉬운 것이었다. 제일 처음 큐티 한 본문은 요한일서였다. 그리고 여름에 제자 훈련을 받을 때에는 네비게이토 선교회에서 만든 60구절 암송 카드를 가지고 큐티했다(이 부분에 대해서는 4장에서 구체적으로 다룰 것이다). 내가 지속적으로 큐티를 할 수 있었던 이유 중 하나는 큐티를 열심히 하는 탁월한 선배들이 있었기 때문이다. 나는 그들의 큐티를 들으면서 몸으로 큐티를 배웠다. 그들이 큐티에 대해서 가르쳐 주었던 또 한 가지는 큐티는 정해진 형식이 없다는 것이다. 자신이 편한 형식을 취하면서 개발해 나가라는 것이었다. 이 또한 내가 겁내지 않고 큐티를 할 수 있었던 이유이다.

세월이 흘러 큐티하는 것이 어느 정도 자리잡히자 묘한 욕심이 생기기 시작했다. 나도 선배들처럼 멋지게 큐티하고 싶은 욕망이 일어난 것이다. 성경 공부 시간이나 수련회 때 선배들이 큐티 나누는 것을 듣고 있으면, 정말이지 한 편의 신앙 드라마를 보는 것 같았다. 말씀을 통해서 하나님의 음성을 듣고 그 믿음을 가지고 자신의 굵직한 인생의 문제를 선택하고 결단을 내려가는 그들의 모습을 보면서, 나는 나도 저렇게 신실하고 멋있는 큐티를 하리라고 다짐했다.

내가 가장 먼저 모방하려고 했던 것은 그들의 큐티 형식이었다. 그리고 말씀을 예리하게 분석해 내는 기술이었다. 처음에는 열심히 흉내를 내었다. 이렇게 하다 보니 나의 큐티는 점점 성경 공부같이 되어갔다. 뭔가 말씀을 쪼개고 분석해야 좋은 큐티라고 스스로 규정하고 있었다. 조금이라도 논리가 분명하지 않거나 조직적이지 못한 묵상을 할 때면 여지없이 영적 열등생이라고 생각하게 되었다. 큐티하는 것이 점점 부담스럽고 어렵게 느껴졌다. 피부병이 생겨 피부가 가려울 때 긁으면 긁을수록 더욱 굳어지는 것처럼, 나의 큐티는 감동과 생기를 잃은 채 교리적으로 흐르게 되었다. 이때가 큐티하기 가장 힘든 때였다.

앞으로 몇 번 강조하겠지만, 큐티는 성경 공부가 아니다. 성경 공부가 성경의 지식을 추구한다면 큐티는 성경 속 하나님의 음성을 추구한다. 성경 공부가 내용을 중시한다면 큐티는 감동을 중시한다. 성경 공부가 '앎'을 강조한다면 큐티는 '깨달음'을 강조한다. 물론 두 경우 모두, 결국은 삶을 변화시키는 것이 목적이다. 그러나 강조점이 다르다.

말씀하시는 하나님

큐티가 어렵지 않은 이유는 큐티 속에서 우리와 교제하시는 하나님이 말씀하시는 하나님이시기 때문이다. 나는 구약 성경을 읽을 때마다 그 시대에 활약했던 성경 인물들이 부럽다. 그들이 하나님의 음성(육성)을 들으며 살았기 때문이다. 아담은 에덴 동산을 거닐며 "아담아" 하시는 하나님의 음성을 들었다. 아브람은 "너는 본토 친척 아비 집을 떠나라" 하시는 하나님의 음성을 직접 들었다. 나는 이것이 제일 부럽다. 왜 현대 그리스도인에게는 하나님이 이렇게 육성으로 들려주시지 않는지 모르겠다.

그러나 우리는 여전히 하나님은 말씀하시는 하나님이란 사실을 믿는다. 하나님은 말씀으로 천지를 지으셨다. 그 말씀이 육신이 되어 우리 가운데 거하시게 되었다(요 1:1). 물론 그 옛날 구약 시대처럼 하나님이 육성으로 우리에게 메시지를 전하시지는 않지만 여전히 말씀하고 계시다. 그래서 시편 기자와 같은 고백을 할 수 있는 것이다.

여호와의 소리가 물 위에 있도다
영광의 하나님이 뇌성을 발하시니
여호와는 많은 물 위에 계시도다
여호와의 소리가 힘 있음이여
여호와의 소리가 위엄차도다(시편 29:3-4).

우리는 성경을 '기록된 말씀(written word)'이라고 부른다. 구약 시대에 하나님이 특정 사람에게 나타나셔서 음성으로 들려주신 말씀은 '선포된 말씀(proclaimed word)'이다. 기록된 말씀이 있기 전에 선포된 말씀이 있었다. 하나님은 사사 시대에는 사사들을 통하여, 그리고 후에는 선지자들을 통하여 당신의 말씀을 백성에게 선포하셨다. 그리고 예수 그리스도를 통해 천국 말씀을 선포하셨다. 그 모든 것이 책으로 묶여 '기록된 말씀'으로 우리 손에 주어져 있다.

하나님에게서 직접 '선포된 말씀'을 들었던 아브라함, 모세, 다윗 같은 사람은 그 말씀에 순종하기 쉬웠을 것이다. 사사나 선지자들을 통해서 선포된 하나님의 말씀을 들었던 당시의 이스라엘 백성은 조금은 의심했을지 모르지만, 그래도 그 말씀에 순종할 수 있었을 것이다. 그런데 이제 책으로 묶여 '기록된 말씀'을 가지고 있는 우리는 이것이 육성과 같은 하나님의 말씀이라고 인정하는 데서부터 어려움을 겪게 된다. 자연히 성경에 있는 하나님의 말씀은 그냥 기록된 어떤 사실에 불과하고, 나와 별관련이 없다고 생각해 버린다. 그렇기 때문에 기록된 말씀인 성경을 읽을 때 하나님의 음성 듣기가 어려운 것이다. 오늘날 우리의 과제는, 큐티를 할 때 어떻게 '기록된 말씀'으로부터 '선포된 말씀'

을 개인적으로 들을 수 있느냐 하는 것이다.

하나님이 어떤 형태로든지 그분의 뜻을 나에게 계시해 주실 것이라는 믿음이 있다면, 하나님이 기록된 말씀을 통해 새롭게 당신의 음성을 선포해 주실 것이라는 사실을 믿는다면, 우리는 큐티를 어려워하지 않게 된다. 하나님은 당신의 큐티 속에서 음성을 들려주실 것이다.

내면의 소리(Inner Voice)

우리 주위에 있는 사람들에게서 가장 많이 듣는 말은 "바쁘다"이다. 우리는 정말 바쁘다. 일이 많아서 바쁘기도 하고, 때로는 하는 일이 없어도 그냥 바쁘다. 마치 바쁘기 위해 태어난 사람들 같다. 바쁜 것은 좋은 것이다. 오히려 바쁘지 않은 것은 무능력의 상징처럼 인식되고 있는 시대에 살고 있다. 그래서 우리는 스스로를 '바쁨' 속에 던져 넣는다. 자신이 바쁘지 않은 것을 견디지 못한다. 차 속에서도 음악을 듣는다. 혼자 있는 시간에도 뭔가 하려 한다. 이제는 사람마다 호출기와 휴대폰을 가지고 다니니 절대로 혼자 있을 수 없게 되었다. 편리해서 좋은데, 그리 마음이 풍요롭다는 느낌은 들지 않는다.

성경은 인간이 하나님의 형상으로 창조되었다고 말한다. 우리 인간의 심성 속에는 하나님의 신성이 깃들여 있다는 것이다. 사실 우리 내부, 그리고 우리 영혼 속을 세심하게 들여다보면, 우리가 모르거나 인식하지 못하고 있는 놀라운 능력과 통찰, 영감 같은 것이 존재한다. 그래서 인생의 성공을 연구하는 사람들은 그것을 먼저 찾으라고 권면한다.

TV 쇼 작가요, 프로듀서로 명성을 날렸던 노만 리어는 상황을 극복하고 성공하는 과정으로 "자기를 표현하고, 자기 내면의 소리(inner voice)를 들으라"고 말하였다. 리더십의 권위자 워렌 베니스는 내면의 소리를 이렇게 정의하였다. "자신의 마음속 깊은 곳에서 들려 오는 소리. 관습이나 전통이나 남을 의식함 없이 순수한 마음속에서 우러나오는 독자적인 생각, 느낌, 감."

결국 세상 사람들도, 인생에서 성공하기 위해서는 각자의 마음속 깊은 곳을 들여다보고 그 곳에 있는 영감과 통찰을 끄집어내야 한다고 말한다. 얼마 전에 나는 책을 읽다가 비기독교인 두 사람이 다음과 같이 말한 것을 읽고 깜짝 놀랐다.

매일 아침 자명종이 울리고 나면, 나는 약 15분 동안 침대에 누워서 그날의 일과로 해야 할 것과 또 주말까지 마무리하고 싶은 것들을 재검토합니다. 나는 그것을 2,3년 동안 해오고 있으며, 이젠 그것을 하지 않으면 하루를 망친 것같이 느껴집니다. - 앤 브란트(미여학사 협회 전무)

여러분은 성찰을 위한 방을 가져야만 합니다. 그리고는 하루에 어느 정도 따로 시간을 가져야 하지요. 그 시간 중에는 아침 신문에 무엇이 실렸는지 모릅니다. 당신의 친구들이 누구인지도 모르지요. 또 당신이 누구에게 무엇을 빚졌는지도, 누가 당신에게 무엇을 빚졌는지도 모릅니다. - 죠셉 캠벨(경제·사회학자)

놀랍지 않은가? 그들이 그리스도인이라는 증거와 흔적은 찾아볼 수 없었다. 그러나 그들은 나름대로의 아침 큐티 시간을 가지고 있었던 것이다. 이렇듯 세상에서 성공하는 사람들도 하나같이 아침 시간을 고요한 침묵의 시간으로 확보하고 있으며, 그 시간을 통해 자기 내면의 소리를 듣고 그것에 따라 자신의 인생 방향을 결정해 나가고 있다.

침묵 속에 들려 오는 하나님의 음성

그런데 이렇게 내면의 소리를 듣는 것은 원래 그리스도인이 하던 영적 훈련 방법 중 하나다. 우리 주 예수께서도 새벽 미명에 한적한 곳으로 나가 아버지께 기도하시면서 침묵 속에서 하나님의 음성을 들으셨다(막 1:35). 제자들을 선택하시기 전에도(눅 6:13), 십자가를 지시기 전에도(막 14:35−36) 주님은 침묵 속에서 고요히 하나님의 음성을 기다리셨다.「귀를 기울이는 지혜」라는 책에서 미카엘 미톤은 이렇게 말했다.

> 우리 각자의 내면 속에는 많은 목소리가 있다. 만약 우리가 계속 바쁘게 지내고 '방어된' 상태라면, 어떤 위기가 없는 한 그 억압된 목소리들은 계속 숨겨진 채 있게 된다.

> 하루 중 어느 시간에든지 하나님의 음성을 받아들일 준비가 되어 있는 것도 좋지만, 하나님의 말씀을 듣기 위해 하루 중 일정한 시간을 정하는 것도 필요하다. 하나님의 말씀을 계속 들으려면, 그 시간은 거의 방해받지 않고 평화롭고 조용한 분위기가 보증되며, 하루의 활동에서 떠나 있는 시간으로 택하는 것이 좋다.

세상 사람들이 아침 시간에 고요하게 자신의 내면 세계에 들어가 내면의 소리를 듣는다면, 우리 그리스도인은 아침 침묵 시간을 통해 우리 영혼 속에 깃들여 있는 하나님의 음성을 듣는 것이다. 아침에 하나님 아버지와 함께 있는 시간은 두 가지 중요한 요소를 포함하고 있다. 하나는 '홀로 있음(고독, solitude)'과 또 하나는 '침묵(silence)'이다. 하나님 앞에서 홀로 있음과 침묵을 경험하고 훈련하지 않으면 우리는 고요함 속에 말씀하시는 하나님의 음성을 듣기 힘들다. 내면의 소리가 너무 많기 때문이다. 네빌 워드는 홀로 있음과 침묵의 시간에 대하여 이렇게 말했다.

성숙한 사람이라면 거의 매일 얼마의 시간을 홀로 있을 필요가 있고, 또 그렇게 하기를 원하게 된다. 그것은 창조적으로 사용될 수 있는 신중하게 선택된 고독에 대한 열망이다.

이러한 침묵과 고독의 시간을 통해 우리는 우리 내면과 영혼의 상태를 살펴보게 된다. 또한 하나님이 주시는 세미한 음성을 듣게 되는 것이다. 우리가 아침마다 하는 큐티는 바로 하나님 앞에서 갖는 고독과 침묵의 시간이다. 그래서 폴 투르니에는 "묵상은 하나님의 음성을 기다리는 것"이라고 했다.

큐티를 지속하기 힘든 이유 3

어려운 게 아니라…

케이스 스터디

지속하기 위해서는

어려운 게 아니라…

지금까지 큐티를 지도하면서 발견한 사실은, 큐티 자체가 어려운 게 아니라 지속하기가 어렵다는 것이다. 최근 우리 교회는 10주 동안 큐티 훈련반을 개설하여 큐티를 지도하였다. 묵상 훈련을 받은 분들은 놀라울 정도로 큐티를 잘한다. 그들에게 큐티는 어려운 것이 아니었다. 그러나 지속하기는 힘든 것이리라.

나는 큐티를 하는 데 가장 중요한 것으로 지속할 수 있는 훈련을 꼽는다. 처음에 다소 엉터리같이 시작한 큐티도 계속하다 보면 자리가 잡히게 된다. 그러나 처음에는 목사님 뺨치는 놀라운 묵상을 한다 해도 한두 주, 한두 달 하다가 말면 큐티의 깊은 세계를 경험할 수 없다. 큐티를 시작하는 사람은 쓴 한약을 기일 정해서 먹는 셈치고 한 3개월 지속적으로 해보아야 한다. 경험으로 미루어 생각해 보건대, 3개월 정도 지속하면 큐티하는 것이 어느 정도 몸에 배게 되는 것 같다.

수영을 정식으로 배운 사람이 한동안 수영을 하지 않다가 갑자기 물에 들어갔다고 치자. 그는 수영을 잘할까? 나는 미국에 유학 오기 전 한국에서 수영을 배웠다. 약 6개월 동안 코치에게 수영의 모든 기법을 배웠다. 나중에는 물에 들어가는 것이 즐거웠다. "진리가 너희를 자유케 하리라"(요 8:32)는 말씀을 나는 물 속에서 경험했다. 물에 들어가는 것이 겁나던 내가 물 속을 편안하게 느끼게 되었다. 그 후 유학 생활 하느라고 수영할 여유가 없었다. 한참 후에 기회가 되어서 수영장에 들어갔다. 나는 깜짝 놀랐다. 내가 여전히 수영을 잘하고 있는 것이다. 머리로는 팔과 다리, 몸통을 어떻게 놀려야 하는지 생각나지 않지만, 내 몸은 그 모든 과정을 정확히 기억하고 있었다. 제대로 배웠기 때문이다. 지속할 수 있도록 몸에 배어 있었기 때문이다.

케이스 스터디

다음에 소개되는 세 가지 경우를 보면서 왜 큐티를 지속하기 힘든지 생각해 보자.

1) A 집사의 경우

나는 오늘 아침 7시 30분에 일어났다. 새벽 기도를 가려 했으나 이미 늦어 버렸다. 이놈의 시계는 왜 울지도 않는 거야…. 오늘부터 잘해 보려 했는데…. 새벽 기도를 놓쳤으니 큐티라도 해야 겠다고 생각했지만, 막상 하고 싶은 마음이 생기질 않는다. 하나님께서는 내게 뭔가를 말씀하시려고 정말 지금 나를 기다리고 계실까? 막상 하려고 생각하니 볼펜도 안 보이고 노트도 없다. 어제 그 영화를 끝까지 보는 것이 아닌데…. 이렇게 졸린 상태로 큐티를 한다면 제대로 깨닫지 못할 것은 뻔한 일이다. 그리고 한 번쯤 안 한다고 하나님께서 크게 섭섭하실 것 같지도 않고…. 에이! 내일부터는 꼭 하자."

이 사람의 경우, 큐티를 지속하지 못하는 이유는 무엇인가? 몇 가지를 살펴보자.

- 우선 전날 밤에 절제하지 못했다. 밤늦게까지 영화를 보았으니 아침 일찍 일어나기 힘든 것은 당연하다.
- 쉽게 포기하고 있다. 상황이 어려워지자 내일 하겠다고 포기해 버린다.
- 내일로 미루고 있다.
- 큐티할 준비를 하지 않았다. 필기 도구도 없고 마음도 준비되지 않았다. 아마 본문도 아침에야 뒤적거리며 찾을 것 같다.
- 핑곗거리를 찾고 있다. 항상 안되는 일에는 적당한 핑계가 있게 마

련인데, 이 사람 역시 애써서 그 핑곗거리를 찾고 있는 것이다.

다음 경우는 어떤가?

2) B 집사의 경우

큰맘 먹고 시작한 큐티, 큐티를 지속해서 잘하면 하나님의 음성을 들을 수 있다고 하는데, 과연 나도 그럴 수 있을까? 오늘 말씀은 전도서 11장 말씀이다.

"너는 네 식물을 물위에 던지라 여러 날 후에 도로 찾으리라 일곱에게나 여덟에게 나눠 줄지어다 무슨 재앙이 땅에 임할는지 네가 알지 못함이니라 구름에 비가 가득하면 땅에 쏟아지며 나무가 남으로나 북으로나 쓰러지면 그 쓰러진 곳에 그냥 있으리라 풍세를 살펴보는 자는 파종하지 아니할 것이요 구름을 바라보는 자는 거두지 아니하리라 바람의 길이 어떠함과 아이 밴 자의 태에서 뼈가 어떻게 자라는 것을 네가 알지 못함같이 만사를 성취하시는 하나님의 일을 네가 알지 못하느니라…."

도대체 이게 무슨 말인가? 식물을 물 위에 던지라니…. 그러면 내가 먹는 것을 정말로 물 위에 던지라는 말씀인가? 풍세를 살펴보는 것과 아이 밴 자…. 어휴, 이 말씀을 과연 어떻게 적용해야 할지 눈앞이 캄캄하다. 하나님의 말씀은 너무 어렵다.

• 이 사람은 자신에게 너무 어려운 본문을 선택했다. 시작하는 큐티로서 전도서는 어려운 본문임에 틀림없다. 큐티를 처음 하는 사람

을 위한 자세한 내용은 4장과 5장에서 구체적으로 안내할 것이다.

- 아직 묵상의 방법과 과정에 대해서 전혀 감을 잡지 못하고 있다. 이런 사람에게는 적절한 묵상 훈련이 필요하다. 이 역시 4장, 5장에서 자세히 배우게 된다.

다음 경우를 보자.

3) C 집사의 경우

요한일서 3장의 말씀을 묵상한다.

"죄를 짓는 자마다 불법을 행하나니 죄는 불법이라 그가 우리 죄를 없이 하려고 나타내신 바 된 것을 너희가 아나니 그에게는 죄가 없느니라 그 안에 거하는 자마다 범죄하지 아니하나니 범죄하는 자마다 그를 보지도 못하였고 그를 알지도 못하였느니라…(4-6절)."

참 좋은 말씀이다. 그런데 이 말씀을 어떻게 적용하지? 너무나 당연한 말씀인데…. 이 말씀은 어제 회의할 때 핏대를 올렸던 D 집사가 들어야 어울리는 말씀이다. 나는 지속적으로 말씀을 보고 있으니까 하나님께서 더 사랑해 주시겠지…. 하나님의 말씀은 언제나 옳다. 별로 적용할 것이 없다.

이 사람은 큐티를 좀 경험한 것 같다. 그러나…
- 겸손한 자세를 잃었다. 하나님의 말씀에 대하여 "이미 다 알고 있

다"는 식으로 반응하고 있다.

- 적용의 원리를 모르고 있다. 적용은 자신과 자신의 삶 속에 하는 것인데, 이 사람은 큐티를 다른 사람을 위해서 하는 것처럼 엉뚱한 데 적용하고 있다.

지속하기 위해서는

위 사례들을 통해서 큐티를 시작한 사람들이 지속적으로 하지 못하는 이유를 살펴보았다. 이것을 토대로 어떻게 하면 큐티를 지속적으로 할 수 있는지 정리해 보기로 하자. 원리적인 것들은 생략하고 실제적인 면에서 생각해 보기로 하자.

- **가장 먼저, 큐티를 위한 시간과 장소를 확보해야 한다.** 큐티는 나와 하나님의 만남을 갖기 위해 홀로 지성소에 들어가는 시간이다. 이를 위하여 특별한 시간과 장소를 확보하지 않으면 큐티를 지속할 수 없다. 특히 아이들을 양육하는 주부들은 남편의 협조를 얻어서 기를 쓰고 큐티할 시간과 공간을 확보하지 않으면 도저히 큐티를 지속할 수 없다.

  한번은 내가 아내에게 "당신 왜 요즘 큐티 안 해?"라고 물었더니 아내가 이렇게 대답했다. "그러면 당신이 밥할래요?" 그러므로 주부들이 큐티를 지속하기 위해서는 남편들이 많이 도와 주어야 한다. 직장인들은 일찍 출근하기 바쁘다. 나도 한때 출근 버스에서 큐티를 한 적이 있다.(잘 되었겠는가? 그래도 안 하는 것보다는 나았다.) 버스 안에서 못하면 출근하여 화장실에 앉아서라도 큐티를 하고야 말았다. 아침 시간을 내기가 정말로 어려운 이들은 더 일찍 일어나든지, 아니면 시간 여유가 좀 있는 퇴근 후 어떤 시간을 떼어놓든지 해서 큐티할 시간을 확보해야만 한다. 그렇지 않으면 지속할 수 없다. 다시 미카엘 미톤의 말을 들어 보자.

당신의 방으로 들어가 은밀한 가운데 계신 아버지께 기도하는 것은 희생을 요구한다. 때때로 그 시간이 비생산적으로 느껴질 때도 있을 것이다. 실제로 당신은 그런 시간에 무엇을 생산하고 있지 않다. 그리고 당신이 조용히 시간을 보내고 있을 때, 보통 주의를 요하는 다른 일들이 당신의 문을 두드릴 것이다. 이러한 때에 극복해야 할 문제는 그러한 일들보다도 고요한 시간이 우선이라는 사실을 확고히 하는 데 있다.

• **훈련이 필요하다.** 큐티를 지속적으로 하기 위해서는 훈련의 역할을 아무리 강조해도 지나치지 않는다. 한 번 지독하게 훈련받으면 평생 습관으로 굳어질 가능성이 많다. 3개월이든 6개월이든, 죽었다고 생각하고 한번 해보라.

• **함께 큐티하는 동료들이 필요하다.** 앞에서 언급했듯이, 내가 큐티를 지속할 수 있었던 이유 중 하나는 함께 큐티하는 동료들과 끊임없이 큐티를 자극하는 선배들이 있었기 때문이다. 큐티를 나눌 수 있는 소그룹이 있다면 생각보다 훨씬 오랫동안 재미있게 큐티를 할

수 있을 것이다. 실제로 그런 그룹이 없다면, 배우자와 함께 해보는 것도 좋은 방법이다. 배우자가 불신자라면… 주님만 바라보고 하라.

- **묵상을 기록하라.** 많은 경우, 처음부터 묵상을 훌륭하게 하지는 못한다. 어설픈 묵상이라도 일단 글로 쓰기 시작하면 묵상 능력이 증폭되는 것을 경험한다. 그리고 나중을 위해서도 좋은 자료로 남겨 둘 필요가 있다. 묵상을 기록하지 않으면, 그 당시에는 분명히 마음속에 남아 있을 것 같던 묵상 내용들도 한 시간만 지나면 어디론가 사라져 버린다. 그리고 무엇을 묵상했는지 전혀 기억이 나지 않게 된다. 이러면 큐티하는 것이 재미없어진다. 그러므로 짧은 묵상이라도 노트에 적어 놓는 것이 좋겠다. 나는 초기에 하도 묵상이 안되어서 노트에 이렇게 쓰곤 했다.

  "하나님, 오늘은 정말 아무 말씀도 없으시네요… 내일 뵙겠습니다."

- **큐티 안내 책자를 읽기 전에 먼저 스스로 묵상하라.** 큐티를 돕는 책들에는 그 날 본문에 대한 설명이나 편집자의 묵상이 실려 있다. 당신이 묵상하기 전에 이를 먼저 읽지 않는 것이 지혜이다. 그것을 먼저 읽으면 묵상할 것이 없어진다. 또 자꾸만 그것을 먼저 보는 습관이 생기면 아예 묵상을 하지 않고 그 내용을 읽은 것으로 대체하려 한다. 이것은 큐티가 목적하는 바가 아니다. 그 글들은 스스로 묵상을 다 한 후 참조용으로 한번 읽어 보는 것이 좋다.

- 본문이 어렵다고 주석이나 참고 서적에 의존해서는 안된다. 주석에 자주 의존하다 보면 묵상하는 힘이 길러지지 않는다. 그리스도 안에서 사고의 폭이 넓어지지 않는다. 모르면 모르는 대로 그냥 지나가는 것이 좋다. 나중에 알게 될 테니까. 그래도 정 모르겠으면 목회자에게 물어 보든가, 전체적인 윤곽을 파악하기 위한 용도로만 주석을 참조하는 것이 좋겠다.

- 일찍 자자. 큐티하는 사람은 자신의 시간을 관리하는 사람이다. 또 그렇게 될 수밖에 없다. 위의 예에서도 보았듯이, 큐티하기 위해 전날 밤에 무리하지 말아야 한다는 것은 매우 당연한 이치이다. 이는 비단 일찍 자는 것만을 의미하는 것이 아니다. 삶 전반에 걸친 시간 관리를 잘하는 것이 큐티를 지속할 수 있는 지혜이다.

- 한 번 정도는 큐티하는 방법과 과정에 대한 공부를 하자. 무턱대고 시작하는 것이 아니고 다른 사람이 한 것도 참조하면서 큐티의 과정과 좋은 방법들을 배우는 것이 필요하다. 이것을 위해서 이 책의 나머지 부분을 잘 읽어 보는 것이 좋겠다.

초보자의 큐티 따라 하기
(초급 큐티: 구절 큐티)

4

수영법 강의와 수영하기

어떤 사람이 수영을 배우기 시작했다고 하자. 첫날은 수영이란 무엇인가에 대한 강의를 들었다. 수영이란 물에서 아무런 도움 없이 목적하는 곳에 도달하는 기술이라는 사실을 알게 되었다. 둘째 날은 수영의 필요성에 대하여 배웠다. 물에 가라앉지 않기 위하여, 갑자기 물에 빠졌을 때 그 생명을 보존하기 위하여, 배가 없을 때 목적지까지 가기 위하여, 그리고 불거져 나온 뱃살을 빼고 몸을 정상적인 모습으로 되돌리기 위하여 수영이 필요하다는 사실을 알게 되었다.

셋째 날부터 여러 가지 수영 방법에 대하여 하나씩 강의를 듣기 시작했다. 자유형은 두 손을 번갈아 앞으로 뻗치며 물을 끌어안는 것처럼 휘저으면서 가는 것이다. 평영은 개구리처럼 발을 오므렸다 펴면서 물을 차고 두 손은 가슴 앞쪽에서 원을 그리듯이 휘저으면서 가는 것이다. 배영은 누워서 발을 통통거리고 두 손을 번갈아 뒤로 뻗치면서 위에 있는 물을 옆구리 쪽으로 끌어오듯이 잡아당기며 가는 것이다. 접영은 가장 남성다운 수영법으로서 허리를 물고기처럼 꾸물꾸물거리면서 그 반동을 이용하여 두 발로 물을 차고, 두 손은 가슴 앞쪽의 물을 힘껏 밑으로 누르는 동시에 물 밖으로 나오며 전진하는 방법이다.

이런 여러 가지 수영법과 더불어 물 속에서 숨쉬는 방법도 터득할 수 있도록 탁월한 강의를 들었다고 하자. 자, 그러면 이 사람이 수영을 다 배웠는가? 아니다. 일주일 동안 탁월한 수영법 강의를 성실하게 들었다 하더라도 실제로 옷을 벗고 물에 들어가서 허우적거리기 전에는 절대로 수영을 할 수 없다. 수영을 하기 위해서는 물 속에 들어가야 한다. 그리고 코와 입으로 물을 먹으며 온 몸과 두 팔, 두 다리를 휘젓지 않고서는 절대로 헤엄을 칠 수 없다.

이제부터 본격적으로 큐티 훈련에 들어가 보자. 큐티를 시작하는 많은 사람들이 가장 어려워하는 부분은 어떻게 말씀을 묵상해야 하는가이다. 즉 많은 사람들이 말씀 묵상하는 방법을 모른다는 얘기다. 요즈음에는 많은 교회에서 훌륭하고 탁월한 큐티 세미나와 큐티 훈련반을 운영하고 있다. 이러한 강의들이 큐티란 무엇인가, 그리고 큐티를 왜 하는가에 대해서는 정확하게 가르쳐 준다. 그러나 정작 큐티를 어떻게 할 것인가에 대한 자세한 가이드는 다소 부족한 것이 우리의 실정이다.

우리가 기도에 대해서 아무리 많이 배운다 하더라도 실제로 하나님 앞에 무릎을 꿇지 않는다면, 입을 열어 하나님께 말씀드리지 않는다면,

귀를 쫑긋 세워 하나님의 말씀에 귀기울이지 않는다면 기도에 대한 좋은 배움들이 허사가 되고 만다. 기도는 기도하면서 배우는 것이다. 큐티도 이와 같다. 큐티는 큐티를 하면서 배우는 것이다.

우리는 사실 큐티가 무엇인지 이미 알고 있다. 왜 필요한지, 왜 아침마다 시간을 떼어서 말씀 앞에 앉아야 하는지 알고 있다. 큐티를 통하여 어떤 유익을 얻게 되는지 잘 알고 있다. 큐티를 잘하기 위해 기본적인 훈련이 필요하다는 사실도 알고 있다. 그리고 요즘은 탁월한 큐티 교재가 나와서 마음만 먹으면 얼마든지 큐티를 할 수 있게 되어 있다. 그렇다고 우리가 큐티를 잘하고 있는가? 지금 우리에게 필요한 것은 실제로 어떻게 큐티를 시작하며, 어떻게 말씀을 묵상하며, 어떻게 말씀을 실생활에 적용할 수 있는지에 대한 자세한 가이드이다. 다시 말하면, 방법적인 측면의 안내가 필요한 것이다.

구절 큐티를 통해 하나님의 음성 듣기

큐티를 시작하기로 결심한 많은 사람들이 곧 좌절을 겪는 이유 중 하나는, 정해진 큐티 본문을 아무리 읽어도 도대체 무슨 내용인지도 모를뿐더러 어떻게 묵상을 시작해야 하는지 감이 잡히지 않기 때문이다. 나는 처음 큐티를 배울 때 네비게이토 출판사에서 나온 60구절 암송 카드를 사용했다. 60일에 걸쳐서 하루에 한 구절씩 묵상을 한 것이다. 이렇게 하면 큐티 본문이 너무 길어서 부담 갖는 일도 없을뿐더러, 그 구절이 목적으로 하는 삶의 변화 내용이 아주 분명하기 때문에 묵상하기도

쉽고 적용하기도 쉽다. 처음 큐티를 하는 사람들에게 적극적으로 권하고 싶은 방법이다.

또 한 가지, 큐티 초보자에게는 구약 큐티를 피하라고 권하고 싶다. 구약의 내용은 역사와 예언, 시가서, 그리고 지혜서로 구성되어 있기 때문에 그 말씀의 내용을 즉각적으로 파악하기가 쉽지 않다. 구약 큐티를 용감하게 시작할 수도 있지만 금방 실망할 가능성이 많다. 그 대신 신약의 내용들, 특히 바울 서신서 중심으로 큐티를 시작하라고 권하고 싶다.

구절 큐티를 하는 과정은 다음과 같다.

1. 선정된 구절(보통 한두 구절)을 몇 차례 읽는다.

구절 큐티를 위하여 선정된 구절들(네비게이토 출판사의 60구절 암송 카드에 있는 구절이나 교회의 교역자들이 선정해 준 중요한 구절들)은 매우 간단하며 목적하는 바가 명료하다. 이 구절들을 반복하여 몇 번 읽으면 그 내용이 명확하게 파악된다. 내용이 머리와 가슴에 완전히 들어올 때까지 읽는 것이 중요하다.

2. 읽으면서 마음속에 갖게 되는 느낌이 무엇인지를 잘 살핀다.

큐티는 성경 공부가 아니다. 큐티를 시작한 사람들 중에서 많은 이들이 실패하는 이유는 본문을 분석하려고 하기 때문이다. 분석은 성경 공부를 위해서 필요한 것이다. 또한 6장에서 말하겠지만, 어느 정도 큐티가 훈련된 사람들은 더 깊은 말씀 묵상을 위해 성경 본문을 분석하는 것이 필요하다. 하지만 큐티는 어디까지나 말씀을 묵상하는 것이지 분석하거나 연구하는 것이 아니다. 선정된 구절을 읽으면서 갖는 느낌이 어떤 것인지, 어떤 생각을 하게 되는지가 매우 중요하다.

구절 큐티의 장점은 그 구절이 요구하는 행동의 변화와 결단이 명료하다는 데 있다. 대부분의 암송 구절들은 주제가 정해져 있다. 예를 들어 네비게이토에서 나온 60구절의 경우, A 파트는 '새로운 삶', B 파트는 '그리스도를 전파함', C 파트는 '하나님을 의뢰함', D 파트는 '그리스도 제자의 자격', E 파트는 '그리스도를 닮아 감'이라는 다섯 개의 대주제를 중심으로 암송 구절들이 구성되어 있다. 이것을 순서대로 큐티한다면, 그리스도인의 기본적인 삶에 대하여 주제별로 묵상하게 되기 때문에 안전하다. 이들 암송 구절은 각 구절이 원하는 삶의 변화와 결단의 내용이 명료하다. 따라서 각 구절을 큐티하기 위해 묵상할 때 마음속에 어떤 느낌과 결단을 해야 하는지 이미 그림이 그려지게 된다.

3. 그 느낌과 감상을 담담하게 적어 나간다.

큐티를 하는 사람에게 매우 중요한 것 중 하나가 '기록'이다. 큐티의 내용을 기록하지 않으면 곧 잊어버리기 쉽기 때문이다. 기록의 중요성에 대해서는 다른 장에서 구체적으로 다루겠다. 하여간 구절을 묵상하면서 갖는 감상이나 느낌, 그리고 결단의 내용을 글로 남기는 것이 중요하다.

4. 기록하다 보면 나의 삶을 어떻게 개선해 나가야 할지 깨닫게 된다. 그것을 기록한다.

묵상의 내용을 기록할 때 빼놓지 말아야 할 것은, 내가 나의 삶을 하나님의 말씀에 비추어서 어떻게 개선해 나갈지에 대한 구체적인 행동 지침이나 결단들이다. 이것을 적용이라 한다. 말씀의 적용이 없는 큐티는 열매 없는 나무와 같다. 또한 자기 자신에게 적용하지 않는 큐티를 하는 사람은 바리새인이 되기 쉽다. 머리만 커져서 교회 안을 두루 다니며 말씀대로 살아가지 못하는 사람을 정죄하는 것이 자신의 은사라고 생각하는 사람이 되고 마는 것이다. 큐티의 목적은 말씀이 나의 삶을 변화시키도록 하는 것이지, 성경 지식을 증가시키는 것이 아니다.

구절 큐티의 실제

1. 느낌

다음 몇 구절을 통하여 실제로 구절 큐티가 어떻게 이루어지는지 살펴보자. 다시 한 번, 큐티는 성경 공부식의 분석이 아니라는 사실을 마음에 두도록 하자.

수고하고 무거운 짐 진 자들아 다 내게로 오라 내가 너희를 쉬게 하리라(마 11:28).

이 구절을 아침에 묵상했다고 가정하자. 이 구절을 두세 번 읽으면 예수님이 어떤 심정으로 이 말씀을 하시는지 느끼게 된다. 당신의 경우, 어떤 느낌을 갖게 되는가? 그 느낌을 가진 채 말씀을 생각해 보는 것이 곧 묵상이다. 이 구절은 예수님이 피곤에 지친 인생들을 쉼의 장소로 초청하시는 음성이다. 따라서 아주 간단하게 다음과 같은 묵상을 할 수 있다.

> 피곤한 상황에서도 예수님을 의지하고 의뢰하면 그분이 반드시 쉼을 주신다고 약속하셨다. 나는 지금 졸리고 피곤하다. 그래도 계속 그분의 도우심을 구하자. 그분께서 나에게 반드시 쉼을 주실 것이다.

위와 같은 묵상은 깊은 묵상은 아니지만, 처음 큐티를 시작한 사람의 경우로는 아주 좋은 출발이라 할 수 있다. 우선 읽은 구절의 내용을 이해하였고 그 말씀에 따라 예수께로 가면 쉼을 얻을 수 있다는 안전함을 느꼈기 때문이다. 사실, 이 느낌 자체가 성숙하고 깊어지면 곧 깨달음으로 연결된다. 깨달음이 깊어지면 그것은 하나님의 음성으로 들리게 된다. 그러므로 처음 구절 큐티를 하면서 갖는 마음의 느낌이 대단히 중요하다.

위와 같은 정도의 묵상을 위한 시간은 대개 5분을 넘지 않는다. 5분은 긴 시간이 아니다. 그러나 큐티를 처음 시작한 사람이 매일 하나님과 5분 동안 말씀으로 교제한다는 것은 그 자체가 기적에 가까운 일인 것이다. 구절 큐티가 조금 진보한 다음의 묵상을 보자.

> 빛 가운데 있다 하며 그 형제를 미워하는 자는 지금까지 어두운 가운데 있는 자요 그의 형제를 사랑하는 자는 빛 가운데 거하여 자기 속에 거리낌이 없으

나 그의 형제를 미워하는 자는 어두운 가운데 있고 또 어두운 가운데 행하며 갈 곳을 알지 못하나니 이는 어두움이 그의 눈을 멀게 하였음이니라(요일 2:9-11).

이 구절은 내게 갈등을 느끼게 합니다. 형제라 해도 나의 마음을 아프게 하는 형제를 사랑한다는 것은 쉽지 않기 때문입니다. 그런데 정말로 저는 주님의 말씀에 거하고 싶습니다. 이 형제를 미워하는 한 저는 어두운 가운데 있다고 했고 또 어두움이 저의 눈을 멀게 할 수 있다고 했습니다. 사랑한다는 것은 어렵습니다. 그렇지만 사랑으로 덮을 수는 있지요. 저는 제 올케가 참 밉습니다. 처음에는 너무너무 좋아하고 예뻐했었습니다. 그런데 실망을 거듭하게 되니 보기도 싫습니다. 그러나 한가족처럼 사랑하기 위해서는 더 보도록 해야겠지요. 싫어도 이번 주에는 아주 오랜만이지만 전화 안부를 꼭 하겠습니다. 꼭 좋은 말만 하겠습니다.

짧은 몇 구절이 큐티하는 사람이 가장 힘들어하는 인간 관계의 갈등 속에 순간적으로 깊게 들어가 그것을 강하게 느끼게 하였다. 이 사람은 구절을 묵상한 후 하나님께 기도하듯 담담하게 자신의 문제점을 써 나가고 있다. 재미있는 것은, 이 큐티의 경우 구절을 자신의 말로 써내려가면서 점점 자신의 문제점에 직면하게 되었다는 사실이다.

2. 묵상
다음 구절을 보자.

그러므로 주 안에서 갇힌 내가 너희를 권하노니 너희가 부르심을 입은 부름에 합당하게 행하여 모든 겸손과 온유로 하고 오래 참음으로 사랑 가운데서 서로 용납하고 평안의 매는 줄로 성령의 하나 되게 하신 것을 힘써 지키라 몸이 하나이요 성령이 하나이니 이와 같이 너희가 부르심의 한 소망 안에서 부르심을 입었느니라(엡 4:1-3).

이 구절은 바울이 에베소 교회 교인들에게 싸우지 말고 서로 용납하고 하나 됨을 지키라고 권유하는 것이다. 이 구절을 읽을 때 어떤 느낌을 갖게 되는가? 하나님이 당신 삶의 어떤 영역의 일들을 생각나게 하시는가? 다음과 같은 묵상이 가능하다.

주님께서 날 필요로 하실 때, 날 도구로 쓰려고 하실 때, 그 부르심에 따라야 한다. 겸손할 것, 온유할 것, 오래 참을 것, 용서할 것 등은 하나님의 명령이다. 평안의 매는 줄로 우리 모두가 하나 되고 뜻을 합하라는 것이다. 한 교회에서 교인들이 뜻을 같이 하고 화합하며 사이좋게 주님을 잘 섬기라는 명령이다. 교회도 사회이다. 저마다 뜻이 달라서 남을 용납하지 못하면 평안의 매는 줄로 하나가 되기 어렵다. 모두가 한 마음이 되어서 예수 그리스도를 바라보아야 한다.

요즘 나의 목장(구역 예배)을 이끄시는 목자님(구역 강사 혹은 구역장)이 잦은 병간호로 많이 바쁘고 힘드신 것 같다. 그럼에도 불구하고 목장 모임에도 여전히 신경을 많이 쓰신다. 이런 때 한 목장의 목원(구역원)으로서 목자님과 그 가족들의 힘을 덜어 드려야 하겠다. 지금이 주님께서 날 부르시는 때인 것 같다. 그 부르심을 따라 내가 자진해서 목원들에게 연락할 일이 있으면 하고, 식사 준비도 더 신경을 써야겠다. 또한 목원들과 뜻을 합하여 목자님의 장인을 위한 기도에 힘쓸 수 있도록 함께 상의해 보자.

이 큐티는 최근에 큐티를 배운 한 자매의 큐티로서 아주 탁월한 묵상이다. 먼저, 이 자매는 큐티 구절을 읽으면서 나름대로 내용을 이해하였다. 그리고 그것을 자신이 이해한 언어로 다시 썼다. 또한 구절이 의미하는 바를 따라서 자신의 삶 속에 연결되는 사건을 떠올렸다. 마지막으로, 그 사건을 어떻게 처리해야 할 것인지에 대해서도 간략하지만 분명한 결단을 내렸고, 그것을 기록하고 있다. 참으로 좋은 묵상이다. 이렇게 해 나가면 머지않아 깊은 묵상으로 이어질 것이 분명하다.

이 자매의 큐티가 첫 번째 구절 큐티의 예와 다른 점은 무엇인가? 이 자매의 큐티는 단순한 느낌만을 적고 있지 않다는 것이다. 느낌을 안고서 현재 상황에 연결되는 고리를 잡았다는 것이 첫 번째 경우와 현저한 차이이다. 즉 성령 안에서 하나 되는 구체적인 삶의 모습으로서 목장의 목자님 가정의 어려운 처지를 함께 하며 짐을 덜어 주어야겠다고 생각하게 된 것이다. 느낌으로부터 삶의 현장에서 경험되는 묵상으로 발전한 것이다.

3. 더 깊은 묵상
다음 구절을 보자.

너희가 나를 택한 것이 아니요 내가 너희를 택하여 세웠나니 이는 너희로 가서 과실을 맺게 하고 또 너희 과실이 항상 있게 하여 내 이름으로 아버지께 무엇을 구하든지 다 받게 하려 함이니라(요 15:16).

올해 나의 가정에 주신 말씀이다! 솔직히 그 동안 이 말씀을 몇 번 읽어 보고 그냥 좋은 말 같다고만 생각했지 깊게 묵상해 본 적이 없었다. 우리는 학교에서 우리 인간만이 가질 수 있는 선택의 자유를 배웠다. 그리고 인간이 선택할 수 없는 것은 오직 두 가지, 탄생과 죽음뿐이라고 알고 있다. 그러나 이 탄생과 죽음마저도 주관하시는 하나님을 믿기까지 나는 참 오랜 세월을 보낸 것 같다. 흔히 사람들은 종교의 자유를 주장한다. 종교의 자유는 곧 인간이 종교를 선택할 수 있다는 말 아닌가! 나 역시도 아무 신앙 없이 어린 시절을 보냈고 이민의 삶에서도 거의 무신앙에 가까운 세월을 보냈다. 그러다가 결혼 후에 신앙을 접했는데, 이제까지 나는 내 스스로, 나의 선택으로 신앙 생활을 시작했다고 생각했었다. 그러나 내가 선택한 것은 지금 다니는 우리 교회였지 주님이 아니었다. 내가 주님을 선택한 것이 아니라 주님이 나를 선택하여 세우셨다는 깊은 진리를 이 말씀을 통해 깊이 깨달았다.

몇 번의 사업 실패와 거기서 오는 좌절감과 경제적 압박이 너무나 고통스러워 가정 생활도 소홀해지고 삶의 의욕마저도 상실한 적이 있었다. 불과 한 달 전까지도 내 주변에서 벌어지는 모든 일이 원망스럽기만 하고, 도대체 나는 왜 이렇게도 일이 안 풀리나 하고 가슴을 쥐어뜯으며 주님께 원망의 기도까지 드린 적이 있다. 그러나 어느 순간, 이제까지 살아 왔던 나의 모든 생활 방식이 내 주관대로였고, 사업도 학교에서 배운 이론과 세속적인 이기심과 남보다 더 잘해 보겠다는 허영심과 나태함, 무사안일주의에 빠져서 모든 문제를 세상의 방법대로 해결하려 했다는 것을 깨닫게 되었다. 더 중요한 것은, 이 길이 바로 내가 선택한 방법임을 알게 되었다. 바로 이것이 나를 실패의 구덩이에서 헤어나지 못하게 만들었고, 기나긴 고통과 고난의 터널에서 빠져나오지 못하게 만든 원인이 되었다는 것을 깨닫게 된 것이다. 어두운 과거에 대한 후회와 미래의 불안함 속에서 하루하루를 살아가고 있는 나의 모습을 보게 되었다.

말씀을 믿기 전에 세상을 의지했고, 말씀을 따르기 전에 사람을 따랐던 내 자신. 신앙조차도 나의 선택으로 믿게 되었다고 외치던 내 자신을 돌이켜보면 너무나 어리석었다는 생각이 든다. 나는 이제 알았다! 말씀 속에 깔려 있는 무궁무진한 주님의 진리를 깨달을 때 이 험한 세상을 이기는 참 지혜를 얻을 수 있다는 것을. 내가 말씀 안에 거할 때 이 세상을 올바르고 정의롭게 살 수 있다는 사실을. 말씀은 태초부터 있었고, 그 말씀이 나를 택하여 세우셨다. 내가 그 말씀 안에서 행할 때 풍성한 열매를 맺고 내가 구하는 모든 것을 다 얻을 수 있으리라!

이 큐티는 오랫동안 교회에 출석했지만 말씀을 개인적으로 묵상해 본 경험이 별로 없는 어떤 집사의 최근 큐티이다. 이 큐티는 구절 큐티를 통해서 내면 세계로 얼마나 깊이 들어갈 수 있는지 보여 주는 대표적인 예이다. 물론 이분의 큐티가 영혼의 일기 비슷하게 쓰여졌지만, 중요한 것은 한 구절을 붙잡고 그 구절을 통해서 본인의 깊은 내면의 상처와 고통과 현실의 문제를 들여다보았다는 것이다. 사실, 이분의 큐티 기록에서는 현실에 나타난 문제를 풀기 위한 적용은 찾을 수 없다.

그러나 현실 세계를 지배하는 내면의 문제를 터치했다는 점에서 아주 탁월한 묵상이라 할 수 있다.

구절 큐티의 정리

지금까지 우리는 큐티를 시작하는 분들이 쉽게 할 수 있는 구절 큐티에 대하여 살펴보았다. 이 장을 마치면서 구절 큐티에 대해 정리해 보자.

구절 큐티라 함은 이미 주제가 정해져 있는 한두 구절을 중심으로 묵상하는 것을 말한다. 정해진 구절을 이해하기 위한 본문의 맥락을 살펴보기에는 큐티하는 사람의 신앙과 영적 능력이 아직 미미한 상태이다. 따라서 구절 큐티에서는 그 구절을 포함하는 맥락을 모른다 하더라도, 명확하게 구절이 말하는 주제를 알 수 있는 구절을 선택하는 것이 중요하다.

구절 큐티의 과정은 매우 간단하다. 먼저 선정된 구절을 읽으면서 갖는 느낌을 적어 내려가는 것이다. 그것이 조금 발전하면 느낌에서 그치지 않고, 삶의 표면에 드러나 있는 문제점들에 대한 자각을 갖기 시작한다. 그래서 말씀을 중심으로 잘못된 행동들을 고쳐 나가는 적용을 하게 된다. 구절 큐티가 점점 깊어지면 삶 표면의 문제뿐 아니라 내면의 깊은 문제까지 터치하기 시작한다. 행동만 바꾸는 것이 아니고 철학을 바꾸는 데까지 큐티가 발전하게 되는 것이다.

5

이렇게 하면 쉽게 큐티할 수 있다
(중급 큐티: 본문 큐티)

큐티의 정석은 없다

우리는 앞 장에서 큐티를 처음 시작하는 분들이 쉽게 할 수 있는 구절 큐티에 대하여 공부했다. 구절 큐티의 이점은, 성경 지식이 없다 하더라도 하나님의 말씀을 순수하게 받아들일 마음의 준비만 있다면 얼마든지 말씀을 묵상할 수 있다는 것이다. 물론 구절 큐티를 통해서도 얼마든지 영혼의 깊은 곳까지 내려갈 수 있다.

구절 큐티의 단점은 구절이 포함되어 있는 본문의 전체 맥락을 보지 못한다는 것이다. 그렇다고 말씀을 잘못 이해하거나 잘못 해석할 염려는 놓아도 된다. 왜냐하면 선정된 구절들이 이미 어떤 주제를 가지고 있기 때문이다. 이러한 단점을 극복하고 좀더 깊은 말씀 묵상의 세계로 진입하기 위해 이 장에서는 일반적이고도 좀더 진보한 큐티 방법을 소개하겠다.

그 전에 한 가지 짚고 넘어가야 할 것이 있다. 바로 큐티의 정석은 없다는 사실이다. 큐티하는 사람들을 가만히 살펴보면 그 방법이 천차만별이다. 묵상한 내용을 기록할 때 어떤 사람은 존대말로 기록하는가 하면, 어떤 사람은 하나님의 관점에서 마치 하나님이 자신에게 말씀하시는 것처럼 써 나가기도 한다. 또 어떤 사람의 큐티는 대단히 간단하며, 다른 어떤 사람의 큐티는 대단히 분석적이고도 복잡하다.

이 모두가 맞는 방법이다. '다른' 것은 '틀린' 것이 아니다. 그러므로 큐티하는 방법의 다양성을 인정하자는 것이다. 문제는 우리가 어떻게 하면 좀더 제대로 큐티를 할 수 있느냐 하는 것이지, 모두 다 통일된 형식으로 큐티를 하자는 것이 아니다. 이 책에서 소개되고 있는 것은 큐티의 새로운 형식이 아니다. 단지, 어떠한 과정을 거쳐서 큐티를 하느냐는 것이다. 중요한 것은 각자의 개성과 신앙의 정도에 따라 자신이 소화할 수 있는 정도까지 말씀을 묵상하면 되는 것이다. 이렇게 꾸준히 큐티를 하다 보면 자기 나름대로의 독특한 방법이 생기게 된다.

"묵상이 뭐예요?"

대부분의 큐티 훈련과 세미나는 묵상의 중요함을 다루고 있다. 묵상이 무엇인지도 가르쳐 주고 있다. 묵상이란, 마치 소가 먹었던 음식을 되새김질하는 것과 같다고 가르친다. 묵상은 일종의 사고 작용으로서 말씀을 가지고 사고하는 것이라고 강조하고 있다.

그러나 실제로 큐티 훈련생들에게 묵상에 대해서 정의를 내려 주고 방법을 가르쳐 주어도 그들은 거듭 이렇게 질문한다.

"그런데 묵상이 뭐예요?"

이 질문을 받으면 난감해진다. 큐티를 훈련시키는 사람으로서 나는 이 질문을 통해, 그들이 묵상의 정의를 모르는 것이 아니고 묵상의 방법, 더 정확하게 말하면 묵상의 과정을 모른다는 사실을 깨닫게 되었다. 그래서 훈련생들에게 묵상의 정의보다는 그 과정을 하나하나 소개하기 시작했다. 그 결과는 놀라웠다. 전혀 말씀을 접하지 못했던 사람도 말씀을 쉽게 자신의 마음속에 끌어들여 소화하는 모습을 보게 된 것이다.

앞 장에서 소개한 구절 큐티는 깊은 묵상 과정이 없이도 말씀을 어느 정도 묵상할 수 있는 방법이다. 그러나 이 장에서 시작하는 큐티는 하나님의 말씀을 좀더 깊이 보기 위해 묵상하는 훈련을 강조하게 된다.

묵상은 말씀과 함께 생각하는 것이다

묵상은 훈련이다. 모든 영적 훈련이 그러하듯이 묵상도 훈련 없이 얻어지지 않는다. 묵상의 훈련은 생각의 훈련이다. 말씀을 중심으로 생각하면서 우리는 하나님을 만나며, 자신을 만나며, 자신의 문제와 대면하게 되는 것이다. 현대인에게 묵상이 힘들게 느껴지는 이유는, 자신의 정직한 모습과 대면하기 싫어하기 때문이다.

폴 투르니에는 "묵상은 하나님의 음성을 기다리는 것"이라고 했다. 이런 사실을 설명하면 대부분의 사람들은 이같이 질문한다.

"그러면 묵상할 때 하나님의 음성이 들리나요?"

이에 대하여 폴 투르니에의 말을 들어 보라.

"우리가 조용한 시간을 계속 갖는다면 침묵 가운데 우리 마음속에 떠오르는 생각이 하나님의 음성이라는 것을 알게 된다."

말씀을 중심으로 생각하고 있을 때 우리 마음속에 떠오르는 깨달음이 바로 하나님의 음성이라는 것이다. 하나님 안에서의 생각은 하나님이 주시는 깨달음일 가능성이 많기 때문이다.

바울도 빌립보 교인들에게 이렇게 말한 적이 있다. "아무것도 염려하지 말고 모든 일에 기도와 간구로 여러분이 필요로 하는 것을 감사하는 마음으로 하나님께 말씀드리십시오. 그러면 도저히 상상도 할 수 없는 하나님의 놀라운 평안이 그리스도 예수님 안에서 여러분의 마음과 생각을 지켜 주실 것입니다"(빌 4:6-7, 「현대인의 성경」). 얼마나 놀라운 일인가? 하나님이 우리의 생각을 지켜 주신다.

본문 큐티를 통해 하나님의 음성 듣기

구절 큐티가 성경의 맥락과 관계없이 떼어 온 몇 구절을 묵상하는 것인 반면, 본문 큐티는 성경의 본문 속에서 의미가 통하는 구절들을 모은 문단을 묵상하는 것이다. 보통 본문은 5-6구절에서부터 10-15구절 정도, 어떤 때에는 한 장 전체가 될 수도 있다.

본문 큐티의 본문을 정하는 데는 두 가지 방법이 있다. 첫째는 시중에 나와 있는 큐티 교재를 사용하는 것이다. 이러한 큐티 교재들은 일 년 단위로 성경의 모든 부분을 골고루 큐티할 수 있도록 본문을 나누어 놓았다. 또 다른 방법은 스스로 성경 중 한 권을 선택해서 문단을 나누어 큐티하는 것이다(이미 문단이 나누어진 성경이 있으므로 이런 성경을 참고하는 것이 좋다).

본문 큐티를 시작할 때에도 구절 큐티를 시작할 때와 마찬가지로 구약보다는 신약을 선택하는 것이 좋다. 신약 중에서도 서신서에 묵상하기 쉬운 직접적인 말씀들이 많다. 그러므로 서신서에서 시작하여 서서히 복음서와 사도행전으로 옮겨가는 것이 좋다. 본문 큐티가 어느 정도 익숙해졌을 때 구약으로 넘어가는 것이, 좌절하지 않고 큐티를 끝까지 지속할 수 있는 방법이다.

본문 큐티는 성경의 전체적인 내용을 넓게 묵상할 수 있는 장점을 가지고 있다. 큐티가 성경 공부나 해석을 위한 도구가 아님에도, 본문 큐티를 오래 하다 보면 자연히 성경 상식이 증가하고 나름대로 성경을 해석할 수 있는 능력을 갖게 된다. 넓은 눈으로 성경을 묵상해 왔기 때문이다.

본문 큐티를 할 때는 항상 본문 안에서 생각해야 한다는 사실을 잊지 말아야 한다. 가끔 보면 본문과 상관없는 엉뚱한 묵상을 하면서 나름대로 은혜를 받는 사람들이 있다. 그 묵상 자체가 잘못되었거나 그 사람이 받은 은혜가 엉터리라는 것을 지적하고자 하는 것이 아니다. 오해해서 받는 은혜도 은혜이다. 그리고 큐티하면서 생긴 성경에 대한 오해 때문에 이단이 되지는 않는다. 큐티가 성령 안에서 행해지는 묵상임을 인정한다면, 그리고 묵상의 전 과정이 성령의 조명 아래서 행해지고 있는 과정임을 인정한다면, 다소간의 실수를 통해서도 하나님은 결국 바른길로 큐티하는 사람을 인도해 가실 것이라는 기본적인 신뢰를 가지고 있어야 한다. 그럼에도 불구하고, 성경을 너무 아전인수(我田引水)격으로 받아들이는 오류를 피하기 위해 본문 안에서 생각하는 훈련을 하는 것이 좋다.

본문 큐티를 위한 묵상의 도구

자, 이제 본문 큐티를 시작해 보자. 앞에서도 지적했듯이 큐티를 시작하는 사람들의 가장 큰 관심은 "어떻게 묵상하는가?"이다. 그리스도 안에서 말씀을 붙잡고 생각하는 것이 묵상이라고 했는데, 과연 어떻게 하는 것이 말씀을 가지고 생각하는 것인지를 지금부터 살펴보기로 하자.

효과적으로 묵상하려면 묵상을 위한 도구가 있어야 한다. 나는 이것을 '묵상을 위한 안경'이라고 부르고 싶다. 성경에서 어떤 본문을 읽었다면, 그 본문을 어떤 '안경'을 쓰고서 볼 것인가가 묵상을 위한 가장 중요한 열쇠이다. 묵상에 실패하는 대부분의 경우는 묵상을 위한 '안경'을 쓰지 않은 채 본문을 보기 때문이다. 이 안경이 없으면 말씀을 읽고서도 뭐가 뭔지 혼란스럽고 막막하기 십상이다.

묵상을 위한 안경은 다음의 일곱 가지가 있다.

1. 하나님(예수님, 성령님)은 어떤 분이신가?
2. 내가 버려야 할 죄는 무엇인가?

3. 내가 주장해야 할 약속은 무엇인가?

4. 내가 순종해야 할 명령은 무엇인가?

5. 내가 피해야 할 오류는 무엇인가?

6. 내가 따라야 할 모범은 무엇인가?

7. 내가 새롭게 발견한 진리는 무엇인가?

큐티를 하기 위해 어떤 본문을 읽었을 때, 위의 일곱 가지 중 그 본문에 가장 적합한 '안경을 쓰고 본문을 다시 보아야 묵상을 할 수 있다. 물론 이 일곱 가지가 묵상을 위한 도구의 전부는 아니다(사실, 우리의 묵상은 이러한 도구를 갖지 않아도 가능하다. 그러나 이렇게 자유로운 큐티를 하기 위해서는 오랜 세월의 큐티 훈련과 경험이 필요하다. 이에 대해서는 다음 장의 고급 큐티 편에서 다루기로 하자). 그럼에도 불구하고, 효과적으로 큐티를 하기 위해서는 묵상의 도구를 가지고 묵상을 시작하는 것이 좋다. 본문 큐티를 하는 일반적인 순서는 다음과 같다.

1. 선정된 본문을 두세 번 읽는다.

2. 본문의 내용과 가장 어울릴 것 같은 안경을 쓰고서 본문을 다시 읽는다.

3. 묵상의 내용을 기록한다.

4. 말씀에 따른 적용을 기록한다.

5. 기도함으로 마친다.

'본문 읽기—묵상—기록—적용—기도'로 진행되는 큐티의 순서는 매우 일반적이어서, 큐티에 관심이 있는 사람이라면 삼척동자라도 외우고 있을 것이다. 이 순서 중에서 가장 중요한 것이 2항이다. 많은 사람들이 이 과정을 생략하고 바로 묵상에 들어가기 때문에 올바르고 깊은 묵상에 들어가지 못한다. 문제는 우리가 어떤 안경을 쓰고 본문을 볼 것이냐 하는 것이다. 이것이 훈련되기만 하면 정말 묵상이 쉬워진다.

묵상을 위한 안경 쓰기

자, 그러면 어떻게 묵상을 위한 안경을 쓸 것인지 직접 훈련해 보기로 하자. 훈련 방법은 위에서 언급된 일곱 가지 묵상의 안경을 각각의 경우에 해당하는 말씀을 보면서 하나씩 써 보는 것이다.

1. 하나님(예수님, 성령님)은 어떤 분이신가?

다음 본문을 읽어 보자.

태초부터 있는 생명의 말씀에 관하여는 우리가 들은 바요 눈으로 본 바요 주목하고 우리 손으로 만진 바라 이 생명이 나타내신 바 된지라 이 영원한 생명을 우리가 보았고 증거하여 너희에게 전하노니 이는 아버지와 함께 계시다가 우리에게 나타내신 바 된 자니라 우리가 보고 들은 바를 너희에게도 전함은 너희로 우리와 사귐이 있게 하려 함이니 우리의 사귐은 아버지와 그 아들 예수 그리스도와 함께 함이라 우리가 이것을 씀은 우리의 기쁨이 충만케 하려 함이로라 우리가 저에게서 듣고 너희에게 전하는 소식이 이것이니 곧 하나님은 빛이시라 그에게는 어두움이 조금도 없으시니라"(요일 1:1-5).

이 본문을 묵상한다고 할 때, 당신 같으면 어떻게 시작하겠는가? 이 본문을 어떤 안경을 통해 다시 보고 싶은가? 여러 가지 각도로 말씀을 묵상할 수 있다. 그러나 우선 한 가지 방향만을 잡아서 묵상하는 훈련을 해보자. 본문에서 하나님은 어떤 분이신가? 본문을 읽으면서 하나님에 대해 새롭게 알게 된 사실은 무엇인가? "하나님은 어떤 분이신가?"라는 안경을 쓰고 보면 본문에서 분명히 보이는 것이 있다. 그것을 가지고 묵상해 나가면 쉽게 풀린다. 다음과 같은 묵상이 가능하다.

하나님은 빛이시다. 하나님은 속성상 어두움이 조금도 없으시다. 그 하나님이 내 안에 거하신다면 당연히 내게도 어두움이 조금도 없어야 한다. 내가 어두움을 경험하고 있는 순간, 하나님은 나의 하나님 자리를 이탈하신 것이다. 아니, 내가 하나님을 하나님의 자리에서 밀어낸 것이다. 하나님이 계속 나의 하나님이 되시기 위해서는 나의 마음속에서, 나의 생각과 삶 속에서 어두운 구석이 전혀 없어야 하는 것이다. 하나님을 하나님 되게 하지 못하는 내 삶 속의 영역은 무엇인가?

나는 어젯밤에도 빈둥빈둥 텔레비전만 보며 시간을 소비하였다. 할 일이 없어서가 아니라, 하기 싫어서 그랬다. 오늘 아침, 이 말씀을 묵상하면서 지난밤 무의미하게 시간을 보냈던 나의 게으름 때문에 마음에 가책을 받는다. 이 영역에서 나는 여전히 어두움을 경험하고 있다. 오늘 하나님이 지적하신 게으름의 습관과 불편한 인간 관계를 회개하자. 이 영역에서 하나님이 빛으로 드러나시도록 기도하자.

위의 묵상은 그리 깊은 것은 아니지만, 본문을 "하나님은 어떤 분이신가?"의 관점에서 잘 묵상한 좋은 예이다. 본문을 "하나님은 어떤 분이신가?"라는 관점으로 보면 위에 묵상한 것 외에 다음과 같은 묵상의 힌트를 얻어낼 수 있다.

- 하나님은 태초부터 계신 분이시다.
- 하나님은 자신을 나타내시는 분이시다.
- 하나님은 나와 사귀기를 원하시는 분이시다.

물론 각각의 힌트에 대하여 더 깊게 묵상할 수 있다. 이렇게 되면 한꺼번에 너무 많은 내용을 묵상하게 되어 계속 큐티하기가 부담될 수도 있다. 따라서 묵상을 위한 안경을 통해서 얻어진 묵상의 힌트(나는 이것을 '영적 통찰'이라고 부르고 싶다) 한 가지만 선택하여 깊게 묵상하는 것이 깊은 묵상을 위한 더 좋은 훈련이다.

우리는 이 같은 방법으로, 본문을 접할 때 그 본문에 적절한 묵상의 도구를 찾아내서 그것으로 묵상을 시작한다면 의외로 묵상이 잘 풀려 가는 것을 경험할 수 있다. 거듭 강조하거니와, 중요한 것은 어떠한 묵상의 안경을 쓰느냐 하는 것이다.

2. 내가 버려야 할 죄는 무엇인가?

좀 길지만 다음 본문을 읽어 보자.

해가 돌아와서 왕들의 출전할 때가 되매 다윗이 요압과 그 신복과 온 이스라엘 군대를 보내니 저희가 암몬 자손을 멸하고 랍바를 에워쌌고 다윗은 예루살렘에 그대로 있으니라 저녁때에 다윗이 그 침상에서 일어나 왕궁 지붕 위에서 거닐다가 그 곳에서 보니 한 여인이 목욕을 하는데 심히 아름다워 보이는지라 다윗이 보내어 그 여인을 알아보게 하였더니 고하되 그는 엘리암의 딸이요 헷 사람 우리아의 아내 밧세바가 아니니이까 다윗이 사자를 보내어 저를 자기에게로 데려오게 하고 저가 그 부정함을 깨끗케 하였으므로 더불어 동침하매 저가 자기 집으로 돌아가니라 여인이 잉태하매 보내어 다윗에게 고하여 가로되 내가 잉태하였나이다 하니라 다윗이 요압에게 기별하여 헷 사람 우리아를 내게 보내라 하매 요압이 우리아를 다윗에게로 보내니 우리아가 다윗에게 이르매 다윗이 요압의 안부와 군사의 안부와 싸움의 어떠한 것을 묻고 저가 또 우리아에게 이르되 네 집으로 내려가서 발을 씻으라 하니 우리아가 왕궁에서 나가매 왕의 식물이 뒤따라 가니라 그러나 우리아는 집으로 내려가지 아니하고 왕궁 문에서 그 주의 신복들로 더불어 잔지라 혹이 다윗에게 고하여 가로되 우리아가 그 집으로 내려가지 아니하였나이다 다윗이 우리아에게 이르되 네가 길 갔다가 돌아온 것이 아니냐 어찌하여 네 집으로 내려가지 아니하였느냐 우리아가 다윗에게 고하되 언약궤와 이스라엘과 유다가 영채 가운데 유하고 내 주 요압과 내 왕의 신복들이 바깥 들에 유진하였거늘 내가 어찌 내 집으로 가서 먹고 마시고 내 처와 같이 자리이까 내가 이 일을 행치 아니하기로 왕의 사심과 왕의 혼의 사심을 가리켜 맹세하나이다 다윗이 우리아에게 이르되 오늘도 여기 있으라 내일은 내가 너를 보내리라 우리아가 그 날에 예루살렘에 유하니라 이튿날 다윗이 저를 불러서 저로 그 앞에서 먹고 마시고 취하게 하니 저녁때에 저가 나가서 그 주의 신복으로 더불어 침상에 눕고 그 집으로 내려가지 아니하니라 아침이 되매 다윗이 편지를 써서 우리아의 손에 부쳐 요압에게 보내니 그 편지에 써서 이르기를 너희가 우리아를 맹렬한 싸움에 앞세워 두고 너희는 뒤로 물러가서 저로 맞아 죽게 하라 하였더라 요압이 그 성을 살펴 용사들의 있는 줄을 아는 그 곳에 우리아를 두니 성 사람들이 나와서 요압으로 더불어 싸울 때에 다윗의 신복 중 몇 사람이 엎드러지고 헷 사람 우리아도 죽으니라(삼하 11:1-17).

이 본문은 어떤 안경을 쓰고 보아야 하겠는가? 다른 내용도 있지만, 무엇보다 다윗이 범죄하는 과정이 가장 먼저 눈에 들어온다. 그러므로 이 본문은 "내가 버려야 할 죄는 무엇인가?"의 관점으로 묵상하면 쉽게 풀릴 수 있다. 다음의 묵상 내용을 보자.

1) 다윗은 성범죄를 저질렀다. 영적으로 충만했던 그가 어느 날 갑자기 성적으로 타락하게 되었다. 다윗은 하나님의 마음에 합한 사람이었다. 그럼에도 그는 성적 타락을 경험했다. 남자는 누구나 성에 약하다. 사탄은 인간의 그런 약점을 틈타서 언제든지 공격할 기회를 엿보고 있다. 성적으로 순결한 사람이 되도록 힘쓰자. 다윗처럼 본능에 져서 본능의 노예가 되지 말고 본능을 자극하는 일을 피해야겠다. 보는 것을 조심하자. 텔레비전과 영화를 선별해서 보아야 하겠다. 지금 이 세상은 성적 자유와 해방을 부추기는 요소들이 넘쳐흐르고 있다. 정신차리지 않으면 나도 다윗처럼 중대한 과오를 저지르지 않으리라는 법이 없다.

2) 다윗은 자신의 욕심을 채우기 위해 다른 사람을 죽인 살인자다. 그는 자신의 죄를 은폐하기 위해 다른 사람을 죽이기까지 하는 무자비함을 보이고 있다. 자신에게 충성을 다하는 우리야를 사

지(死地)로 보낸 것이다. 이것은 말할 수 없이 극악무도한 죄이다. 인간으로서 보일 수 있는 가장 간악한 일이다. 감사하는 마음 없이, 다른 사람을 자신의 욕심을 채우기 위한 수단으로 생각할 때, 인간은 얼마든지 악마로 변할 수 있다. 내 안에도 이런 비슷한 욕심이 있다는 것을 솔직히 인정하자. 그리스도와 성령의 지배를 받지 않는다면, 나 역시 본능이 원하는 대로 무자비한 사람이 될 수밖에 없음을 인정하고 겸손히 하나님께 나가야 한다. 함께 일하는 사람들에 대하여 감사하는 마음을 갖자. 그들의 수고와 협력을 통해 내 자신이 만들어지고 있다는 것을 겸손히 인정하자.

이 묵상은 "내가 버려야 할 죄는 무엇인가?"라는 관점을 통하여 자신의 죄를 발견하고 있다. 특히 두 가지 죄를 떠올렸다. 그 중 하나는 성적인 죄요, 또 하나는 자신을 위해서 남을 짓밟는 죄이다. 큐티를 하다 보면, 이와 같이 한 가지 방향으로 시작한 묵상이 삶의 여러 가지 면을 터치하는 것을 경험할 수 있다. 이 밖에 본문에서 발견할 수 있는 죄는 다음과 같다(물론 이들 각각에 대해서도 더 깊은 묵상이 가능하다).

- 자기 할 일을 하지 않고 있는 것.
- 자기 위치에서 이탈해 있는 것.
- 본능에 의한 것을 행농으로 옮겨 본능의 욕구를 채우는 것.
- 자신의 잘못을 은폐하기 위해 또 다른 거짓말을 하는 것.
- 충성스런 동료를 사지로 내 모는 배신, 무정함.

3. 내가 주장해야 할 약속은 무엇인가?

성경은 하나님이 당신의 사랑하는 백성들에게 주시는 진기한 약속들로 가득 차 있다. 우리는 한결같이 하나님을 믿는다고 말한다. 그런데 도대체 무엇을 믿는다는 말인가? 하나님을 믿는다는 것은 하나님의 존재를 믿고 하나님이 하신 약속의 말씀을 믿는다는 것이다.

첫 번째 사실은 수긍하기 쉬운데 두 번째 사실에 대해서는 고개를 갸우뚱한다. 성경이 하나님의 말씀이라는 것은 인정해도 그 가운데 나를 향하신 약속의 말씀이 있다는 것이 그리 실감나지 않기 때문이다. 누가 믿음이 좋은 사람인가? 성경 속에서 자기를 향하신 하나님의 약속을 발견하고 그 약속을 붙드는 사람이다. 마치 아브라함이 '열국의 아비'가 되게 해주겠다는 하나님의 약속을 믿었던 것처럼 말이다.

큐티를 하면서 받는 복 중 하나는, 바로 말씀 중에 계시되어 있는 나를 향하신 하나님의 약속을 발견하는 일이다. 다음 본문을 읽고 하나님이 당신에게 주시는 약속이 무엇인지 묵상해 보라.

내 아들아 나의 법을 잊어버리지 말고 네 마음으로 나의 명령을 지키라 그리하면 그것이 너로 장수하여 많은 해를 누리게 하며 평강을 더하게 하리라 인자와 진리로 네게서 떠나지 않게 하고 그것을 네 목에 매며 네 마음판에 새기라 그리하면 네가 하나님과 사람 앞에서 은총과 귀중히 여김을 받으리라 너는 마음을 다하여 여호와를 의뢰하고 네 명철을 의지하지 말라 너는 범사에 그를 인정하라 그리하면 네 길을 지도하시리라(잠 3:1-5).

이 본문 속에는 하나님이 주시는 세 가지 약속이 포함되어 있다. 장

수에 대한 약속, 명예에 대한 약속, 미래의 인도에 대한 약속이 그것이다. 그리고 그 약속들은 모두 어떤 조건을 제시하고 있다. 따라서 이 본문을 묵상하기 위해서는 다음과 같은 두 가지 시도를 할 수 있다. 첫째는 세 가지 약속 중 하나를 선택하여 집중적으로 묵상을 하되, 그 약속이 지금의 나와 어떤 관계가 있는지를 살펴보는 것이다. 두 번째는 하나님이 주시는 세 가지 약속 모두를 한꺼번에 생각하면서 그 약속이 이행되기 위해서 내가 해야 할 것이 무엇인지 생각해 보는 것이다. 지금 한번 해보라! 하나님은 지금 이 순간에도 당신을 위한 약속을 주고 계시다!

다음 본문 큐티를 통해 하나님의 말씀이 한 개인의 삶 속에 어떻게 약속이 되는지 살펴보자.

> 내 아들아 만일 네 마음이 지혜로우면 나 곧 내 마음이 즐겁겠고 만일 네 입술이 정직을 말하면 내 속이 유쾌하리라 네 마음으로 죄인의 형통을 부러워하지 말고 항상 여호와를 경외하라 정녕히 네 장래가 있겠고 네 소망이 끊어지지 아니하리라 내 아들아 너는 듣고 지혜를 얻어 네 마음을 정로로 인도할지니라(잠 23:15-19).

이 말씀은 나 ○○○가 남하고 자신을 비교하지 않고 항상 여호와를 경외하면, 쉽게 풀이해서, 내가 주님 말씀 안에 거하고 늘 말씀을 묵상하면, 현재 내가 제일 답답해 하고 늘 바라던 소망을 이루고, 나아가서 그 소망이 끊어지지 않겠다는 하나님이 나에게 주시는 약속이다.

나는 아주 중요한 대학 시절에 미래에 대한 뚜렷한 목적을 가지지 못한 것이 훗날 이렇게 내 자신을 경멸하고 후회하게 할 줄 몰랐다. 당시 난 공부도 못하는 편이 아니었고 내 나름대로 내 삶에 대해 자신도 있었다. 학교만 졸업하면 모든 일이 다 순순히 풀리고 돈도 많이 벌어서 남부럽지 않게 쓰다가 좋은 남자 만나서 고생 안 하고 남편이 벌어다 주는 돈으로 호강하며 살면 그만이라는 생각뿐이었다.

나는 인생의 험한 길은 피하고 항상 지름길을 좋아한 탓에, 전공을 택할 때에도 어느 전공이 더 쉬울까, 여자한테는 어느 직업이 스트레스를 덜 주고 시간도 적게 들이면서 수입이 괜찮을까 하는 궁리를 했다. 그러던 끝에, 전공은 자유 연구(Liberal Studies)로 정해서 어느 한 과목만 골치 아프게 깊이 파고드는 것이 아니라 골고루 전과목을 표면만 훑는 과를 택해서 초등학교 교사로 일하고 싶었다. 그러나 그 길이 얼마나 험한 길인지를 졸업반 때 보조 교사(teacher's aid)로 일하면서 알게 되었다. 그 후 나는 두 번째 실수를 저질렀다. 미리 포기한 것이다.

나는 내 근성을 버리지 못하고 어느 직업이 힘 안 들이고 돈을 벌 수 있나 하는 것만 연구하고 또 연구했다. 그러다 결국 나중에는 초조해져서 아무 일자리나 찾게 되었다. 그리고 그때부터 지금까지 살아오면서 발전하지 못한 이유는 본문의 말씀 안에 있듯 "죄인의(남의) 형통을 부러워"했기 때문이다. 내 자신을 남과, 특히 같이 졸업한 친구 중에서 나보다 공부를 못해 하찮게 여기던 친구가 잘되었을 때 그들과 비교하고 한탄하였다. 과거에 왜 더 잘하지 못했나 하고 늘 내 자신을 부끄러워했고 열등감에 휩싸이게 되었다.

나의 현재 소망은 하나님께서 나에게 어떤 달란트를 주셨는지 그것을 아는 것이다. 나도 잘하는 것이 꼭 있을 텐데, 그것이 무엇인지 감이 오지 않는다. 그 동안 나는 그저 힘든 일은 하기 싫고, 짧은 시간만 일하고 싶고, 내 자신에게 자랑스러운 일만을 하고 싶어했다. 무엇이 있을까? 내 생각 자체가 틀린 것일까?

이제부터는 본문 말씀대로 더 이상 남들과 비교하지 않고 여호와를 늘 경외하겠다. 그러면 하나님께서 내 소망을 들어주실 것이다. 나의 달란트가 무엇인지 무작정 찾는 것은 어리석은 일 같다. 나도 직장이 있어야겠다. 말로만 직장을 구하는 것이 아니라 더 열심히 뛰어다니면서 찾아봐야겠다. 자꾸자꾸 도전해 봐야겠다. 정부 기관의 일자리가 들어가기는 힘들어도 내가 원하는 조건에 맞을 것 같다. 내 달란트를 찾을 때까지 시험에 붙을 때까지 도전하겠다.

(LA에 거주하는 재미 교포 1.5세 주부)

위의 묵상은 잠언의 교훈을 그대로 자신에게 주시는 약속으로 받아들인 경우이다. 이 본문을 묵상하는 방향이 여러 가지 있겠으나 위의 묵상은 "하나님의 약속은 어떤 것인가?"라는 관점에서 묵상을 전개해 나간 것이다.

4. 내가 순종해야 할 명령은 무엇인가?

다음의 말씀을 읽어 보자.

큰 집에는 금과 은의 그릇이 있을 뿐 아니요 나무와 질그릇도 있어 귀히 쓰는 것도 있고 천히 쓰는 것도 있나니 그러므로 누구든지 이런 것에서 자기를 깨끗하게 하면 귀히 쓰는 그릇이 되어 거룩하고 주인의 쓰심에 합당하며 모든 선한 일에 예비함이 되리라 또한 네가 청년의 정욕을 피하고 주를 깨끗한 마음으로 부르는 자들과 함께 의와 믿음과 사랑과 화평을 좇으라(딤후 2:20-22).

이 본문은 어떤 안경을 쓰고 묵상해야 하는가? 본문을 보면 하나님에 대한 새로운 사실도 있고 약속도 있고 버려야 할 죄도 찾을 수 있다. 그러나 무엇보다도 본문은 오늘을 사는 청년들에게 주시는 하나님의 명령이 강하게 나타나 있다. 이 말은 위의 본문을 다른 방향으로 묵상해서는 안된다는 뜻이 아니다. 단지, '순종해야 할 명령'을 찾아가면서 묵상하는 것이 묵상의 훈련을 위해 좋다는 것이다.

그러면 본문에 나와 있는 하나님의 명령은 무엇인가? 무엇보다도 하나님의 말씀은 청년들을 향하여 이렇게 도전하신다.

"각자가 어떤 그릇인지 고민하지 말고 깨끗한 그릇으로 준비되도록 힘쓰라."

본문을 통하여 이 음성을 들을 수 있으면 좋겠다. 22절의 내용은 깨끗한 그릇으로 준비되는 과정에서 힘쓸 네 가지 방향을 제시하고 있다. 그러면 구체적인 적용으로 이 네 가지 방향에 따라서 묵상해 나가면 될 것이다. 다음 큐티를 읽어 보고 본문을 어떻게 "내가 순종해야 하는 하나님의 명령은 무엇인가?"의 관점에서 묵상하게 되는지 그 과정을 살펴보자.

여호와께서 아브람에게 이르시되 너는 너의 본토 친척 아비 집을 떠나 내가 네게 지시할 땅으로 가라 내가 너로 큰 민족을 이루고 네게 복을 주어 네 이름을 창대케 하리니 너는 복의 근원이 될지라 너를 축복하는 자에게는 내가 복을 내리고 너를 저주하는 자에게는 내가 저주하리니 땅의 모든 족속이 너를 인하여 복을 얻을 것이니라 하신지라 이에 아브람이 여호와의 말씀을 좇아갔고 롯도 그와 함께 갔으며 아브람이 하란을 떠날 때에 그 나이 칠십오 세였더라(창 12:1-4).

하나님의 비전은 사람의 상황과 관계없이 계속 진행되어야 한다. 바벨탑 건축에 의한 사람들의 뜻도 결국 하나님의 의지에 의해 무산되었다. 하나님의 의지에 의한 역사의 진행은, 인간과의 교제와 동행을 원하시는 하나님의 입장에서 볼 때 그리 바람직하지는 않았을 것이다.

하나님은 적극적으로 당신의 비전을 성취하시기 위해 노아 이후 또다른 한 사람 아브람을 일으키신다. 아브람에게 말씀하신 것은 세 가지이다. 떠날 것, 갈 것, 그리고 약속이다. 아브람에게 요구되고 있는 것은 적극적인 순종과 믿음이다. 아브람이 이 상황에서 하나님의 말씀을 순종하지 않았다면 하나님의 역사의 도구로 성장하지 못했을 것이다. 한편, 만약 그렇게 되지 못했다 하더라도 하나님의 비전은 또 다른 방법, 또 다른 사람을 통해 계속 진행되었을 것이다.

이런 면에서 볼 때 부르심은 은혜이다. 하나님의 부르심을 사람이 거부할 수도 있지만 사람이 거부한다 하여 그 부르심 자체, 즉 부르심의 이유와 필요가 소멸되는 것은 아니다. 부르심은 여전히 존재한다.

하나님은 하나님의 비전과 사역을 위해 오늘도 나를 부르고 계신다. 떠날 것과 갈 것을 요구하고 계신다. 떠날 것은 모든 영적 안주를 조장하는 환경에서의 탈출과, 하나님의 역사를 방해하는 인간적인 습관에서의 이탈을 의미한다. 또한 하늘에 닿아 나의 이름을 빛내고자 하는 이기적인 마음과 현실적 생활 보장을 위한 조건 구비에만 혈안이 되어 있는 편협한 영적 상태로부터의 분리를 의미한다.

갈 것은 하나님이 지시하시는 땅으로의 진행을 의미한다. 현실적 보장이 당장 없을 수도 있고 인간적 매력이 전혀 없을 수도 있는 그 곳으로의 행진을 의미한다. 그 곳은 상당히 불안정한 곳이며 많은 고통과 위험이 도사리고 있는 곳이다.

그러나 하나님은 이러한 요구와 함께 분명한 복을 약속하고 계시다. "너는 복의 근원이 될 것이다"라고. 나는 하나님의 이러한 부르심에 응답해야 한다. 언제나 하나님의 부르심은 명쾌하다. 결단의 순간에 영적으로 민감해야 한다.

위의 묵상은 내가 1991년 11월 29일에 한 큐티이다. 여기서 이 큐티를 하게 된 배경을 잠깐 간증하는 것이 좋겠다.

당시 나는 한국 과학 기술 연구원에서 연구원으로 근무하고 있었다. 결혼한 지 일 년이 조금 넘은 때였다. 1988년에 학교를 졸업한 후 다시 박사 과정에 들어가 공부하고 있었다. 공학을 하고 있었으므로 연구를 위한 실험은 직장인 연구소에서 하게 되어 있었다. 연구를 위한 테마도 잡아 놓았다. 실험을 위해 22만 달러나 들여 영국에서 최첨단 기자재도 도입하였다.

그런데 어느 날 큐티를 하다가 창세기 12장 말씀을 깊이 묵상하게 되었다. 사실, 당시까지만 해도 나는 대학생 성경 공부 그룹을 많이 인도하던 신실한 평신도였다. 그 동안 얼마나 많이 이 창세기 12장에 기록된 아브람의 순종을 가지고 형제 자매들을 가르쳤겠는가? 그런데 그날은 한 가지 이상한 것을 발견했다. 내가 그렇게도 많이 가르쳤던 이 말씀에 나는 그때까지 한 번도 정면으로 맞닥뜨려 보지 않았다는 사실이었다. 이날 아침 큐티를 하면서 나도 더 나이 들기 전에 내가 다른 이들에게 가르쳤던 것처럼 진지하게 이 말씀 앞에 서 보고 싶은 마음이 들었다.

아니나다를까 하나님은 나에게 순종할 것, 즉 나 역시 믿음의 조상의 발자취를 따라 본토 친척 아비 집을 떠날 것을 명령하셨다. 결국 이 큐티를 한 지 2년이 된 1993년, 나는 나의 근본이 되었던 연구소와 가족들을 뒤로하고, 아무도 없는 낯선 땅 미국으로 아내와 한 살 반 된 아기를 업고서 유학길에 오르게 되었다. 돌이켜보면, 하나님은 이 큐티를 통해 나에게 정말로 떠날 것과 갈 것을 명령하셨다. 그리고 나는 믿음으로 그 말씀에 순종하였던 것이다.

5. 내가 피해야 할 오류는 무엇인가?

이 안경을 쓰고 보아야 하는 본문들은 대개 구약의 어떤 인물의 행위나 사건, 그리고 신약에 등장하는 사람들의 행적을 묘사하고 있는 내용일 것이다. 성경은 정직해서, 등장 인물이 하나님과 신실하게 동행하는 모습도 그리고 있지만 반대로 이해할 수 없을 정도의 실수와 죄를 저지르는 모습도 적나라하게 보여 준다.

예를 들면, 아브람이 애굽으로 내려갔을 때 죽음이 두려워 자기 아내를 누이라고 속이는 행위(창 12:10-13), 다윗이 밧세바를 범하는 장면(삼하 11장), 솔로몬의 성적 타락(왕상 11장), 가롯 유다의 배신(마

26:46−48), 베드로가 예수님을 부인하는 것(마 26:69−75), 아나니아와 삽비라의 도둑질(행 5:1−11), 고린도 교회의 분열(고전 1장) 등 수없이 많다. 우리는 이러한 본문을 묵상할 때, 이들의 실수를 찾아내고 그것을 반복하지 않기 위한 결단과 각오를 새롭게 해야 하는 것이다. 다음의 큐티를 살펴보자.

> 아브람이 롯에게 이르되 우리는 한 골육이라 나나 너나 내 목자나 네 목자나 서로 다투게 말자 네 앞에 온 땅이 있지 아니하냐 나를 떠나라 네가 좌 하면 나는 우 하고 네가 우 하면 나는 좌 하리라 이에 롯이 눈을 들어 요단 들을 바라본즉 소알까지 온 땅에 물이 넉넉하니 여호와께서 소돔과 고모라를 멸하시기 전이었는 고로 여호와의 동산 같고 애굽 땅과 같았더라 그러므로 롯이 요단 온 들을 택하고 동으로 옮기니 그들이 서로 떠난지라(창 13:8−12).

롯은 눈을 들어 소알을 바라보았다. 소알은 겉보기에 화려한 곳이었다. 물이 넉넉하고 여호와의 동산 같고, 애굽 같았다. 그는 눈을 들어서 현 상태에서 보이는 것을 선택했다. 그 눈에 보이는 것은 현실적인 유익을 가져다 줄 것이 분명했다. 자신이 소유하고 있던 양들과 목자를 먹이기에 충분한 물이 있었던 것이다. 그러나 롯은 그 곳의 내면을 보지 못했다. 즉 영적인 세계를 보지 못하고 멀리 바라보지 못한 것이다. 결국 그는 자신이 본 것을 선택해 버렸다. 그 결과 멸망의 길을 걷게 되었다.

믿는 사람은 단기적이고 현실적인 것을 바라보는 사람이 아니고 장기적이고 영적인 세계를 바라보는 사람들이다. 사실, 내가 보고 있는 모든 것들은 보이지 않는 것들로 이루어져 있다. 믿음을 가지고 있다면, 현재 보이지 않지만 보이는 것처럼 믿고 행동해야 한다.

그렇다면 내게 보이지 않는 것은 무엇인가? 내가 기도하고 있는 제목들, 나의 미래, 우리 가정의 미래, 우리 자녀들의 미래이다. 단기적인 안목을 갖지 말고 장기적이고 영적인 안목을 가져야 한다. 순간적인 이익이 있다 해서 믿음을 배신하는 행위는 삼가야 한다.

자녀를 위해 기도하되 그들의 미래를 확신하고 축복하는 기도를 하자. 염려하지 말고 주께 맡기자. 우리 가정의 여러 가지 어려운 상황을 놓고 믿음을 가지고 기도하자. 하나님께서 모든 것을 회복시켜 주실 것임을 믿고 기도하자. 힘들다고만 말하지 말고 긍정적으로 말하자.

위의 본문에서 아브람의 너그러운 마음을 본받고자 하는 묵상을 할 수도 있다(이런 면에서 아브람은 형통할 수밖에 없는 사람이었다). 그러나 위의 묵상과 같이 롯이 범한 오류를 통하여 자신의 삶의 방법과 태도를 되돌아볼 수 있는 것이다. 하나님이 성경 인물들의 오류를 기록해 놓으신 이유는, 그 사람들의 어두운 면을 드러내어 고발하시려는 것이 아니라 이를 통하여 후대 사람들이 같은 실수를 되풀이하지 않기를 바라셨기 때문이다. 그러므로 우리는 성경의 부정적인 내용을 통해서도 얼마든지 영적 성숙의 기회로 삼을 수 있는 것이다. 모든 성경은 하나님의 감동으로 되었다(딤후 3:16).

6. 내가 따라야 할 모범은 무엇인가?

이 경우는 위 5항의 관점과 반대이다. 즉 성경 인물들의 잘한 일들을 통해서 교훈을 얻는 것이다. 다음의 큐티를 살펴보자.

이때부터 예수께서 비로소 전파하여 가라사대 회개하라 천국이 가까왔느니라 하시더라 갈릴리 해변에 다니시다가 두 형제 곧 베드로라 하는 시몬과 그 형제 안드레가 바다에 그물 던지는 것을 보시니 저희는 어부라 말씀하시되 나를 따라오너라 내가 너희로 사람을 낚는 어부가 되게 하리라 하시니 저희가 곧 그물을 버려 두고 예수를 좇으니라 거기서 더 가시다가 다른 두 형제 곧 세베대의 아들 야고보와 그 형제 요한이 그 부친 세베대와 한 가지로 배에서 그물 깁는 것을 보시고 부르시니 저희가 곧 배와 부친을 버려 두고 예수를 좇으니라 예수께서 온 갈릴리에 두루 다니사 저희 회당에서 가르치시며 천국 복음을 전파하시며 백성 중에 모든 병과 모든 약한 것을 고치시니 그의 소문이 온 수리아에 퍼진지라 사람들이 모든 앓는 자 곧 각색 병과 고통에 걸린 자, 귀신들린 자, 간질하는 자, 중풍병자들을 데려오니 저희를 고치시더라 갈릴리와 데가볼리와 예루살렘과 유대와 요단 강 건너편에서 허다한 무리가 좇으니라(마 4:17-25).

예수님은 모든 준비에 완벽하셨다. 때를 기다리시며 혼자 기도와 묵상을 하기 위해 스스로 광야로 나가셨다. 그 곳에서 주님은 시험까지 당하셨다. 때가 되자 주님은 일어나 제자들을 부르기 시작하셨다. 베드로와 그의 형제를 부르실 때도 단지 말씀으로 부르셨다. 그리고 베드로는 그 말씀 한마디에 자기의 생업을 버리고 주님을 따랐다. 야고보와 요한도 말씀 한마디에 배와 부친, 즉 자신들의 모든 자산과 식솔도 포기하고 주님을 따랐다.

주님의 말씀 한마디에 생업을 포기한 베드로나 야고보, 요한의 무조건적인 순종, 이것은 현실적인 측면에서 보면 맹종이라 할 수 있다. 솔직히 지금 주님께서 나한테 모든 생업과 식솔까지 포기하고 나만을 섬기라고 하시면 나는 어디까지 순종할 수 있을까? 얼핏 보면, 주님께 순종한 대가로 열두 제자들 대부분이 형장의 이슬로 사라졌다고 말할 수 있지만, 사실은 그게 아니다. 그들은 주님께 순종함으로써 모든 인류에게 예수님이 어떤 분이신가를 알리는 산 증인들이 되었다.

순종에는 희생이 따르고 그 희생은 값을 지불한다. 스스로 십자가에 못박히신 주님의 숭고한 희생과 말씀 한마디에 모든 생업과 식솔들을 포기한 열두 제자의 값진 순종은 모든 인류에게 구원의 빛이 되었다. 과연 나는 그렇게 할 수 있을까? 나의 모든 것을 버리고 주님만 따를 수 있을까?

이 큐티는 예수님의 음성을 듣고 생업을 포기하고 따라나서는 예수님의 제자들의 본 된 모습을 묵상하고 있다(참고로 이것은 큐티를 시작한 지 얼마 되지 않은 분의 묵상이다). 제자들의 맹종에 가까운 순종의 모습에 충격을 받고 있다. 그래서 자신을 향한 질문으로 묵상을 마감하고 있다. 비록 묵상이 열려진 채로 끝이 나고 결단이 따라오지 않았지만 아주 훌륭한 묵상이다. 왜냐하면 제자들의 본 된 모습을 통해 도전을 받고 있기 때문이다.

7. 내가 새롭게 발견한 진리는 무엇인가?

자, 이제 묵상을 위한 마지막 안경을 쓸 차례가 되었다. 본문을 '나에게 새로운 진리'의 측면에서 살펴보는 것은 대단히 중요하다. 왜냐하면 이 단계의 묵상 훈련을 통해 다음 장의 고급 큐티로 성장할 수 있기 때문이다. 본문을 통해 새로운 진리를 발견하는 기쁨을 누리기 시작할 때쯤 되면 다윗이 말한 바 '송이꿀' 보다 단 말씀의 맛(시 19:10)을 보게 된다. 다음 본문을 읽어 보자.

무릇 네 손이 일을 당하는 대로 힘을 다하여 할지어다 네가 장차 들어갈 음부에는 일도 없고 계획도 없고 지식도 없고 지혜도 없음이니라 내가 돌이켜 해 아래서 보니 빠른 경주자라고 선착하는 것이 아니며 유력자라고 전쟁에 승리하는 것이 아니며 지혜자라고 식물을 얻는 것이 아니며 명철자라고 재물을 얻는 것이 아니며 기능자라고 은총을 입는 것이 아니니 이는 시기와 우연이 이 모든 자에게 임함이라 대저 사람은 자기의 시기를 알지 못하나니 물고기가 재앙의 그물에 걸리고 새가 올무에 걸림같이 인생도 재앙의 날이 홀연히 임하면 거기 걸리느니라(전 9:10-12).

삶은 불합리하다. 인간사는 사람이 뜻한 대로 되는 것이 아니다. 절대자의 존재가 겸손히 인정되어야 한다. 하나님의 섭리 외에는 이런 현상을 설명할 수 없다. 이러한 삶의 불합리를 통해 무엇을 배울 수 있는가? 인간은 하나님이 필요하고 그분의 섭리를 겸손히 인정하며 살아야 한다는 사실이다. 만약 사람의 뜻대로, 계획대로 모든 일들이 진행되거나 이루어진다면 사람들은 절대로 하나님을 찾지 않을 것이다. 사람들에게 노력해도 되지 않는 일, 힘쓰고 애쓴다 해도 얻지 못하는 일이 있다는 사실은 오히려 축복이다.

내 뜻대로 일이 풀리지 않는다고 불평하거나 하나님을 원망하는 어리석음을 범하지 말자. 오히려 그것이 축복이 될 수 있다. 내가 경험하고 있는 모든 일, 만나고 있는 모든 사람은 다 하나님께서 허락하신 나를 위한 환경임을 인정하자.

이 묵상은 어떤가? 앞에서 소개되었던 다른 묵상과는 조금 다르다. 먼저 본문을 살펴보자. 본문은 묵상하기 쉽지 않은 내용이다. 왜냐하면 이 본문 속에는 "하나님은 어떠한 분이신가?" "내가 버려야 할 죄는 무엇인가?" "내가 주장해야 할 약속은 무엇인가?" "내가 순종해야 할 명령은 무엇인가?" "내가 피해야 할 오류는 무엇인가?" "내가 따라야 할 모범은 무엇인가?"를 물어도 속시원한 힌트를 발견할 수 없기 때문이다. 다시 말하면 직접적으로 묵상할 재료(?)가 들어 있지 않다는 것이다. 따라서 이런 경우는 본문 전체에 흐르는 사상을 끄집어내야 한다. 이런 점에서 앞의 묵상들과는 다르다는 것이다.

묵상의 내용을 보자. 전체를 흐르고 있는 주된 주제는 삶의 불합리이다. 그렇다면 묵상을 통해 이러한 삶의 불합리를 어떻게 해결할 수 있는가 하는 것이 묵상하는 자의 올바른 방향이라 하겠다. 삶의 불합리는 하나님의 섭리 외에는 설명할 길이 없다는 것이 그 해답이 되며, 따라서 하나님의 존재와 그분의 섭리에 대한 인정이 묵상의 결과라 하겠다.

다음 장에서 좀더 심도 있게 다루겠지만, 1에서 6까지의 묵상 과정은 '발견의 기쁨'을 주는 반면 7의 묵상 과정, 즉 '새로운 진리를 캐내는 과정'은 '깨달음의 기쁨'을 준다. 여기까지 묵상할 수 있는 힘이 훈련을 통해 길러진다면 이제 우리의 묵상은 날개를 달게 되고, 그야말로 "진리가 너희를 자유케 하리라"(요 8:32)는 말씀을 경험할 준비가 된 것이다.

묵상 종합 훈련

본문 큐티를 잘하기 위해서는 두 가지를 유념해야 한다.

• 첫째는 본문을 전체의 맥락 속에서 묵상하는 것이다.

이것이 구절 큐티와 다른 점이다. 구절 큐티는 이렇게 하지 않아도 된다. 한 절만 보아도 은혜를 받을 수 있게 구성된 것이 구절 큐티이다. 그러나 본문 큐티는 상황이 좀 다르다. 본문의 분위기와 전체 줄거리, 인물들의 행적 등을 전체적으로 보아야 본문을 통해서 주시는 하나님의 음성을 명확하게 들을 수 있다.

• 둘째는(이것이 정말 중요하다) 본문을 한 가지 안경만 쓰고서 묵상하는 훈련을 하는 것이다.

묵상이 어려운 이유 중 하나는, 본문 내용이 너무 많아 묵상할 방향이 분산되는 것이다. 이렇게 되면 묵상이 일관성을 상실한 채 이것저것을 건드리게 된다. 이런 현상을 피하기 위해서는 한 번에 한 가지만을 묵상하는 훈련을 하는 것이 좋다. 한 본문을 읽을 때 어떤 묵상의 안경을 쓸 것인가를 결정하는 일이 묵상 훈련의 가장 첫 번째 일이다.

그렇다고 본문을 한 가지 주제로만 계속 묵상하자는 것이 아니다. 본문을 한 가지 주제로 묵상하는 훈련이 충분히 되면 어떠한 본문이 주어져도 그 본문을 여러 가지 다른 각도로, 다시 말하면, 다른 안경을 쓰고서 묵상할 수 있게 된다. 이렇게 되기 위해서 우선은 한 가지 안경만을 써 보는 훈련을 하자는 것이다. 묵상 종합 훈련으로서 다음 구절이나 본문을 통해 묵상 안경 쓰는 연습을 해보자.

〈본문 1〉

"평안을 너희에게 끼치노니 곧 나의 평안을 너희에게 주노라 내가 너희에게 주는 것은 세상이 주는 것 같지 아니하니라 너희는 마음에 근심도 말고 두려워하지도 말라 내가 갔다가 너희에게로 온다 하는 말을 너희가 들었나니 나를 사랑하였더면 나의 아버지께로 감을 기뻐하였으리라 아버지는 나보다 크심이니라"(요 14:27-28).

묵상을 위한 안경	묵상 힌트
1. 하나님(예수님)은 어떤 분이신가?	하나님은 평안을 주시는 분이다.
	나에게로 다시 오시는 분이다.
2. 순종해야 할 명령은 무엇인가?	근심하지 말고 두려워하지도 말아야 한다.
3. 버려야 할 죄는 무엇인가?	평안을 주장하지 못하고 근심했던 죄.

〈본문 2〉

"잠시 잠깐 후면 오실 이가 오시리니 지체하지 아니하시리라 오직 나의 의인은 믿음으로 말미암아 살리라 또한 뒤로 물러가면 내 마음이 저를 기뻐하지 아니하리라 하셨느니라 우리는 뒤로 물러가 침륜에 빠질 자가 아니요 오직 영혼을 구원함에 이르는 믿음을 가진 자니라"(히 10:37-39).

묵상을 위한 안경	묵상 힌트
1. 하나님(예수님)은 어떤 분이신가?	뒤로 물러가는 것을 기뻐하지 않으시는 분.

	지체하지 않고 오시는 분.
2. 순종해야 할 명령은 무엇인가?	뒤로 물러나면 안된다.
3. 새롭게 발견한 진리는 무엇인가?	오직 믿음으로 사는 사람이 의인이다.

〈본문 3〉

"태초에 하나님이 천지를 창조하시니라 땅이 혼돈하고 공허하며 흑암이 깊음 위에 있고 하나님의 신은 수면에 운행하시니라 하나님이 가라사대 빛이 있으라 하시매 빛이 있었고 그 빛이 하나님의 보시기에 좋았더라…"(창 1:1-4).

묵상을 위한 안경	묵상 힌트
1. 하나님은 어떤 분이신가?	나를 포함하여, 온 우주를 창조하신 분이다.
	당신이 창조하신 것을 기뻐하시는 분이다.
2. 새롭게 발견한 진리는 무엇인가?	하나님은 온 우주를 '말씀' 하나로 창조하셨다.
	하나님이 창조하신 모든 것은 본래 선하다.
3. 버려야 할 죄는 무엇인가?	하나님은 빛을 창조하셨는데, 내 마음에 빛이 없다면 하나님을 모신 것이 아니다.

묵상의 깊이를 더해 주는 두 가지 기술

우리는 지금까지 본문 큐티 하는 과정을 살펴보았다. 그 과정에서, 묵상을 잘하려면 본문을 읽을 때 묵상을 위한 일곱 가지 안경 중 하나를 선택하여 집중적으로 묵상해야 한다는 것을 배웠다. 또한 이런 훈련이 잘 이루어지면 한 본문을 여러 각도에서 볼 수 있는 묵상 능력이 배양된다는 사실도 알게 되었다. 이 장을 마치면서 위에 언급한 몇 가지 기본적인 훈련 외에 공통적으로 적용될 수 있는 두 가지 기술을 소개하겠다.

1. 묵상할 때 질문을 사용하라.

유대인들은 자녀가 학교에서 돌아오면 "무엇을 배웠냐"고 물어 보지 않고 "오늘 학교에서 선생님에게 무엇을 질문했냐"고 물어 본다고 한다. 질문은 효과적인 교육의 핵심이다. 질문을 할 줄 안다는 것은 자신이 무엇을 모르는지를 안다는 것이다. 모르는 것을 아는 것이 진정한 깨달음의 첫걸음이다. 최근에 들어와서 귀납법적 성경 공부가 다시 주목을 받고 있다. 그 이유는, 귀납법적 성경 공부가 참석자들에게 적절한 질문을 던지고 스스로 그 질문에 대한 답을 발견해 나가는 방법을 채택함으로써 학습 성취도를 높이기 때문이다.

따라서 좋은 질문을 한다는 것은 좋은 답을 이미 얻은 것이나 마찬가지이다. 로버트 루이스 스티븐슨은 "당신이 질문을 한 가지 하는 것은 마치 돌을 굴리기 시작하는 것과 같다. 당신이 언덕 위에 조용히 앉아 있어도 돌은 굴러가면서 또 다른 돌들을 굴러가게 만든다"라고 말했다. 지금까지 내가 알아 왔던 질문의 효과에 대한 말 중 가장 적합한 말이다.

묵상할 때에도 이런 질문의 활용은 아주 중요하다. 이미 보았겠지만, 묵상을 위한 일곱 가지 안경도 사실 모두 질문으로 구성되어 있다. 묵상을 하면서 본문의 내용에 대한 의문점, 등장 인물의 행동에 대한 궁금함, 나 자신의 태도와 철학에 대한 깊은 질문이 내면에서 올라오는 것을 경험하게 된다. 이러한 질문을 그대로 묵상의 내용으로 적어 나가면 그 질문이 또 다른 질문을 만들면서 결국은 해답을 스스로 찾아내게 되는 신비한 깨달음의 세계로 빠져 간다. 이것이 묵상의 신비이다.

아래의 큐티를 통해 질문이 어떻게 사용되었으며, 그 질문에 대한 깨달음이 어떤 과정을 통해 이루어지는지 살펴보기로 하자.

이 사람들은 다 믿음을 따라 죽었으며 약속을 받지 못하였으되 그것들을 멀리서 보고 환영하며 또 땅에서는 외국인과 나그네로라 증거하였으니 이같이 말하는 자들은 본향 찾는 것을 나타냄이라 저희가 나온 바 본향을 생각하였더면 돌아갈 기회가 있었으려니와 저희가 이제는 더 나은 본향을 사모하니 곧 하늘에 있는 것이라 그러므로 하나님이 저희 하나님이라 일컬음받으심을 부끄러워 아니하시고 저희를 위하여 한 성을 예비하셨느니라 아브라함은 시험을 받을 때에 믿음으로 이삭을 드렸으니 저는 약속을 받은 자로되 그 독생자를 드렸느니라 저에게 이미 말씀하시기를 네 자손이라 칭할 자는 이삭으로 말미암으리라 하셨으니 저가 하나님이 능히 죽은 자 가운데서 다시 살리실 줄로 생각한지라 비유컨대 죽은 자 가운데서 도로 받은 것이니라 (히 11:13-19).

75세의 나이에 어떻게 아브라함은 자기가 살던 고향, 친척, 재산, 모든 삶의 터전을 두고 말씀에 순종하여 아비 집을 떠날 수 있었을까? 짐승들도 늙으면 고향을 찾는데, 그 많은 나이에 어떻게 즉각적으로 순종할 수 있었을까? 삼 년마다 이 나라에서 저 나라로, 문화도 언어도 기후도 다른 곳으로 옮길 때마다 여간 힘이 드는 것이 아니다(참고: 이 큐티를 한 집사는 재외 공관원으로서 삼 년마다 다른 나라로 근무지를 옮겨 다닌다). 이렇게 삶의 한 부분이 되어 버린 나그네 생활인데도 떠난다는 것은 쉬운 것이 아니다. 그것도 갈 바를 알지 못하고 떠났다니 무슨 얘기인가?

당장 눈앞에 보이는 모든 것이 명확한 상태에서도 쉽게 결정 못하는 나 자신과는 엄청나게 다르다. 하나님의 나라를 믿음으로 바라보는 자와 그렇지 않는 자의 차이일까? 하나님은 왜 늙고 경수가 이미 끊어진 할머니 사라를 택하셔서 잉태하게 하시고 그 혈통에서 예수님이 나게 하셨을까?

이 본문의 저자는 왜 창세기 때 얘기를 지금 우리에게 주는 걸까? 확실한 믿음으로 주님 앞에 나아갔을 때 하나님의 신실하심으로 보상받았던 믿음의 조상들 얘기는 지금 이 땅을 살아가고 있는 우리에게, 이 세상의 삶은 나그네 삶으로서 준비하는 기간이라는 것과, 영원한 하늘나라, 더 나은 본향을 위해 소망을 확실히 가지고 준비하는 삶을 살아야 한다는 것을 가르쳐 주는 것 같다.

이삭을 통해서 복을 주시겠다던 하나님께서 이삭을 바치라고 하셨을 때 아브라함과 사라의 마음은 어떠하였을까? 특히 아브라함은 그냥 순종만 하였을까? 성경에는 아브라함이 갈등했다는 얘기가 나오지 않지만, 그의 갈등은 대단했으리라 본다. 하나님이 능히 죽은 자 가운데서 다시 살아나게 하실 분일 거라고 생각해서 쉽게 결단하지는 않았으리라. 하인을 데리고 예쁜 이삭을 제물로 바치려고 올라갈 때 얼마나 심한 고통을 받았을까? 그러나 결국 순종하였을 때 아브라함이 받은 복을 성경은 나에게 가르쳐 준다. 하나님께서는 내게도 복을 뒤로 숨기시고 명령부터 이행하라고(순종하라고) 하시는가 보다.

아브라함은 말씀을 귀로 듣고 하나님께서 약속하신 일들이 이루어지는 것을 겪어 왔다. 그러기에 이삭을 바칠 수가 있지 않았을까?

하나님께선 갑자기 나에게 산을 옮길 만한 믿음을 원하시는 것이 아니다. 작은 일에 순종하면 보여 주시고, 단계적으로 결국 우리를 축복하시기 위해 순종의 사람으로 믿음의 사람으로 인도하실 것이다.

아브라함이 불순종하여 복 받지 못하는 것을 원치 않으셨던 하나님께서, 작은 일에도 하나님 중심으로 살다 보면 내 분량에 맞는 복과 믿음을 내게도 주실 것을 확신한다. 무엇보다도 말씀을 알아야겠다. 열심히 말씀이 있는 곳을(교회 중심으로) 사모하여 살아야겠다.

이 본문 큐티는 상당히 발전되고 깊어진 큐티이다. 아브라함의 생애를 단적으로 묘사하는 히브리서의 내용을 통해 아브라함과 사라, 그리고 그들의 믿음을 한 순간에 묵상해 버렸다. 이 큐티를 한 사람은 본문의 내용을 통해 "하나님은 누구신가?" "아브라함의 모습을 통해 어떤 모범을 따를 수 있는가?" "내가 피해야 하는 죄는 무엇인가?" "새롭게 발견한 진리는 무엇인가?"라는 기본적인 묵상을 한꺼번에 하고 있다.

놀라운 것은 이 묵상의 대부분이 질문으로 연결되어 있다는 사실이다. 스스로 질문을 던져 놓고 그것을 고심하며 그 질문을 묵상 속에서 스스로 풀어 가고 있는 모습이 탁월하다(주의: 한 가지만 묵상해 보는 훈련을 충분히 한 후에 위와 같은 여러 가지 면의 묵상을 시도하기 바란다).

2. 묵상한 후, 기도로 하나님께 묵상의 내용을 돌려 드리라.

묵상을 하다 보면 그 깨달음에 너무 감동하여 주님께 기도하고 싶을 때가 많다. 이러한 경우, 노트를 덮고 그냥 기도하는 것도 좋지만 감동

받은 것을 기도문 형태로 적어 보는 것도 묵상의 힘을 기르는 좋은 훈련이다. 언어라는 것은 대부분이 사라져 버린다. 그러나 글은 오래 남는다. 기도문을 기록해 두면 그것이 하나님과의 깊은 추억으로도 남을 뿐 아니라, 내가 하나님께 드리는 마음이 정돈되는 것을 경험할 수 있어서 좋다. 다음 큐티를 통해 어떻게 묵상이 기도문으로 연결되는지를 보라.

베드로가 돌이켜 예수의 사랑하시는 그 제자가 따르는 것을 보니 그는 만찬석에서 예수의 품에 의지하여 주여 주를 파는 자가 누구오니이까 묻던 자러라 이에 베드로가 그를 보고 예수께 여짜오되 주여 이 사람은 어떻게 되겠삽나이까 예수께서 가라사대 내가 올 때까지 그를 머물게 하고자 할지라도 네게 무슨 상관이냐 너는 나를 따르라 하시더라(요 21:20-22).

부활하신 주님께서 제자들을 찾아오신 세 번째 장면이다. 예수님과 삼년을 동고동락하며 많은 기적을 보아 온 제자들인데, 어찌해서 예수님께서 늦게 나타나신다고 해서 무료하게 생각하며 낚시질하러 갈 수 있을까?…(중략).

본문 말씀은 내가 너무나 잘 아는 말씀이다. 설교도 많이 들어서 이미 알고 있었지만, 오늘 특별히 하나님께서는 내게 아무것도 상관하지 말고 내가 네게 명령한 것들을 가지고, 네 자신을 돌보며 잘 지켜 나가라고 하시는 것 같다. 이러쿵저러쿵 쑥군거림 같은 것을 싫어하시는 하나님! 내가 주님 곁에 있고자 노력할 때는 물론이고, 주님 곁에 떠나 있다고 생각될 때도 늘 곁에 계시며 위로하시며 사랑하시는 주님. 감사하지 않을 수 없다.

주님! 목표를 정하고, 자동차 기름을 넣고, 몇 번 다녔던 길이라 익숙해서 너무 잘 안다 생각하고 달렸습니다. 그리고 며칠은 계속 사고 없이 왕복한 길이라 제가 안다고 생각하고 조심하지 않고 가다 보니 저는 길을 잘못 들어 딴 곳으로 가고 있었습니다. 아는 길도 물어 가라던 말이 생각났고 지도를 보며 체크하지 않은 잘못을 후회했습니다. 지도를 꺼내어 제자리로 가서 길을 찾았습니다. '이젠 됐다. 다 안다. 열심히 하면 되지'라고 생각한 것은 제 잘못이었습니다. 아하! 다 안다고 해서, 알 것 같다고 해서 말씀을 보지 않으면, 확인하지 않으면, 배우지 않으면 저의 신앙도 엉뚱한 곳으로 가고 말 것이라는 사실을 깨달았습니다.

제 인생의 푯대가 되시는 말씀을, 살아서 역사하는 하나님의 말씀을 매일 묵상하며 올바른 길로 갈 수 있도록 늘 은혜 베풀어 주시옵소서. 은혜가 아니고서는 아무것도 할 수 없다는 사실을 깨달았습니다. 베드로에게 만회의 기회를 주셨듯이 저에게도 기회 주신 것을 감사합니다.

남을 탓하지 말고 열심히 주님 바라보며 살아가게 하여 주시옵소서. 참으로 반석이 되어서 어딜 가나 주님의 동역자가 되길 원합니다. 좋은 교회, 좋은 목사님을 제게 주셨으니 이제 남편과 함께 정말 잘 훈련 받아서 지구 어느 곳에 가든지 좌로나 우로나 치우치지 않고 이웃을 섬기며 주님을 따르는 제자의 삶을 살아가게 하소서. 이제는 흔들릴 시간이 없는 것 같습니다. 저희 부부를 꽉 잡아 주셔서 날마다 주님의 손길을 느끼며, 은혜에 감사하며, 작은 것에도 주님의 사랑을 느끼며 전달하는 자 되게 하소서.

본문 큐티의 정리

　본문 큐티는 성경 본문을 의미가 통하는 문단으로 나누어 순서에 따라 조금씩 묵상하는 큐티를 말한다. 본문 큐티는 구절 큐티와 달리, 본문이 속한 성경 전체의 맥락에서 본문을 볼 수 있어야 한다. 본문 큐티를 통해 말씀을 묵상하는 도구로써 일곱 가지 안경이 있다. 묵상 훈련을 위해서는 본문 큐티를 할 때마다 한 본문에 하나의 안경을 쓰는 연습을 하는 것이 좋다. 이런 훈련이 지속되어서 어느 정도 묵상하는 능력이 배양되었을 때, 한꺼번에 여러 각도로 말씀을 묵상하는 훈련으로 넘어가야 한다. 어떠한 본문을 접하더라도 묵상을 위한 방향이 설 정도가 될 때까지 묵상 훈련을 해야 한다.

6

깨달음의 세계로 들어가는 큐티
(고급 큐티: 원리 중심 큐티)

묵상의 한계를 벗어나기

본문 큐티를 오랫동안 하다 보면 재미있는 현상이 일어난다. 먼저, 말씀을 보는 안목이 생긴다. 어떠한 본문을 보더라도 그 본문을 어떤 각도에서 묵상해야 할지 분별하게 된다. 또한 그 본문을 통하여 개인적으로 하나님의 음성을 들을 수 있는 영적인 귀가 열리게 된다. 본문 큐티를 오랫동안 훈련하면 본문을 묵상하기 위하여 일곱 가지 안경을 안 써도 되는 때가 온다. 일곱 가지 안경을 쓰는 것은 묵상 훈련을 위한 도구일 뿐이지, 항상 묵상이 그런 식으로만 풀려야 한다는 법칙은 없다.

일곱 가지에 따라서 묵상을 하다 보면 어느새 그런 도구 없이도 묵상이 되는 경험을 하게 된다. 아마 이런 경험은 자신도 모르는 사이에 하게 될 것이다. 일곱 가지 중 무엇을 가지고 묵상해야 하는지를 고민하던 자신이 말씀의 핵심에 들어가 하나님의 음성을 듣고 그것을 기록하고 있는 모습을 상상해 보라. 그것은 놀라운 발전이다.

그런데 이런 본문 큐티가 한계점에 다다를 때가 온다(내 경우, 큐티를 배운 지 거의 십 년 가까이 본문 큐티 형식을 취한 것 같다). 그 한계점이란 바로 적용이 안된다는 것이다. 구절 큐티는 즉각적인 적용이 가능하다. 본문 큐티도 삶의 표면에 나타나 있는 나의 행동을 고치는 적용을 많이 할 수 있다. 그런데 이런 본문 큐티를 수년 동안 하게 되면 거의 같은 영역에서 적용을 하고 있는 자신을 발견하게 된다. 성경을 지속적으로 읽자라든지, 큐티를 성실하게 하자라든지, 성경 암송을 더 열심히 하자라든지, 누구누구에게 전화나 편지를 하자라든지…. 새로운 적용의 영역이 생겨나질 않는다.

그러나 이때가 바로 당신의 큐티가 깊어질 수 있는 기회이다. 좀더 쉽게 말하면, 이전의 큐티가 삶의 표면에 있는 문제를 해결하고 돌이키는 데 주요한 관점이 있었다면, 이제부터의 큐티는 삶의 내면 깊숙한 곳을 터치하는 심오한 깨달음의 세계로 가는 입구에 서게 된다는 것이다.(여기서부터가 진짜이다!)

만약 당신의 큐티가 여기에서 더 나아간다면, 당신은 참으로 깊이 말씀의 맛을 보게 될 것이다! 나는 이것을 원리 중심 큐티라고 부른다. 왜냐하면 삶의 표면에 나타나 있는 행동을 고치기보다는 그 행동을 조정하는 삶의 원리를 건드리는 큐티이기 때문이다.

원리 중심 큐티를 통해 하나님의 음성 듣기

원리 중심 큐티는 표면에 있는 행동의 변화에 초점을 두고 있지 않다. 따라서 적용이 구체적이지 않을 때가 있다. 오히려 삶의 원리와 태도에 대한 깊은 깨달음일 경우가 많다. 원리 중심 큐티는 '새로운 진리에 대한 깨달음' 자체가 하나의 귀한 적용이 되는 경우가 많다. 이것은 개개의 행동에 대한 적용보다 훨씬 강력하다. 그 행동을 유발하는 원리와 태도를 건드리기 때문이다. 자신의 외적인 행동이 변화받는 것이 아니고 내적인 태도, 성품이 변화받는 과정이다.

이 부분에서 묵상하는 사람은 거의 심령으로 새롭게 되는 것을 경험한다. 말씀을 통해 성령의 충만하심을 경험하게 된다. 큐티를 계속하고 싶어진다. 진리의 샘에서 계속하여 물을 퍼 올리고 싶은 충동을 느낀다. 다음 큐티를 읽고 앞 장의 본문 큐티와 어떤 점이 다른지 생각해 보자.

> 이때부터 예수께서 비로소 전파하여 가라사대 회개하라 천국이 가까웠느니라 하시더라 갈릴리 해변에 다니시다가 두 형제 곧 베드로라 하는 시몬과 그 형제 안드레가 바다에 그물 던지는 것을 보시니 저희는 어부라 말씀하시되 나를 따라 오너라 내가 너희로 사람을 낚는 어부가 되게 하리라 하시니 저희가 곧 그물을 버려 두고 예수를 좇으니라(마 4:17-20).

1) 이때부터: 예수님은 세례를 받으시고 마귀에게 시험을 받으신 후, 이때부터 "회개하라 천국이 가까웠느니라"고 비로소 전파하셨다. 예수님도 철저한 준비 후에 메시지를 전파하셨다. 사람에게는 무엇이

든 때가 있는 것이다. 주님을 영접할 때, 시험받을 때, 전도에 힘쓸 때…. 하나님은 질서의 하나님이시기에, 여호와 이레이시기에 모든 것에 순서가 있다. 그러나 그 기회의 때는 지나가면 다시 찾아오기 힘들다. 그러므로 그때를 위해 준비해야 하는 것이다.

이것은 인생의 지혜와 원리를 가르쳐 주며 성공의 비결을 말하고 있다. 예수님은 때를 아셨다. 나는 나의 인생에서 울 때와 기뻐할 때와 나눠야 할 때와 금식할 때를 잘 알고 있는가?

"주님! 주님은 준비하시고 그때를 하나님의 뜻에 맞춰 사셨는데, 저에게도 그런 지혜와 분별력을 허락하옵소서. 저의 지난 삶에 몇 번 찾아오지 않는 귀중한 때를 보지 못하고 지나간 적이 있었습니다. 저의 무지함으로 제 인생에서 꼭 해야 할 것들을 놓치지 않게 하옵소서. 이제 주님의 때가 나의 때가 되게 하옵시고 주님이 주신 이 시간들을 값지게 쓸 수 있도록 도와 주시옵소서"(중략).

2) 저희는 어부라: "주님! 참으로 주님은 외모를 취하지 않으시고 중심을 보시며, 낮은 자를 쓰셔서 당신의 영광을 나타내시는 분입니다. 똑똑한 자, 명예 있는 자를 쓰시는 것이 아니라, 가장 낮은 자를 불러 주님의 일을 하게 하시니 감사합니다.

예전에는 저의 부족함 때문에, 저의 연약함 때문에 제가 주님의 합당한 도구가 되지 못한다고 생각했으나, 이제 비천한 어부를 쓰시는 하나님의 법칙을 깨닫게 되었습니다. 제가 가장 못난 자이기에, 가장 부족한 자이기에 주님이 쓰시길 원하신다는 것을 깨닫게 하시니 주님의 이름을 높여 드립니다. 저는 아무것도 할 수 없기에, 제가 무엇인가 하고 있다면 그것은 오직 주님께서 저를 통해 하시는 것임을 고백합니다.

주님! 두려운 마음을 담대케 하시며, 주님께서 영광 받아 주시옵소서. 어부였던 비천한 베드로가 주님의 일을 성령님의 능력으로 아름답게 행한 것과 같이, 주님을 만남으로 그의 삶이 가장 값진 삶을 살게 된 것과 같이, 저의 삶을 값지게 하신 주님의 놀라운 계획을 찬양합니다. 나를 받으옵소서!"

3) 내가 너희로 사람을 낚는 어부가 되게 하리라: 주님은 제자들을 부르시고 무엇을 해야 할지 그들에게 사명을 일러주셨다.

"되게 하리라!"

되게 하는 것은 주님이 하시는 것이며, 따라가는 것은 내가 할 부분이다.

"이 영적 진리가 가끔 제 삶 속에서 무너질 때가 있음을 고백합니다. 씩씩하게 따라가다가 때로 제가 '되게' 만들려고 노력하는 어리석음을 반복하고 있으니, 주님, 용서해 주옵소서. 주님께 전적으로 맡기지 못하고 제가 하려 할 때 그것이 교만이라고 말씀하셨습니다. 이 불신앙과 교만을 버리게 하옵소서. 주님께 모든 것을 맡기고 가장 자유로운 자가 되어 주님을 따라갈 수 있게 하옵소서."

4) 곧 그물을 버려 두고 예수를 좇으니라: "주님! 결단하게 하옵소서. 우물쭈물하여 사탄에게 마음을 빼앗기는 어리석은 자가 되지 말고 주님을 위하는 길이라면 가장 우선 순위에 두고 결단하는 자가 되게 하옵소서. 이것이 지혜의 길인 것을 깨닫게 하시니 감사합니다. 주님을 믿는다는 것, 주님을 따른다는 것은 사실 너무나 단순하고 쉬운 길이기에 때로는 망설일 때가 있습니다. 복음처럼 믿기만 하면 구원받는 그 간단한 진리를 사람들이 너무 복잡하게 생각해서 믿지 못하는 것처럼. 주님 안에서 결단하고 판단하는 것은 말씀 위에 설

때 매우 간단한 원리요, 쉬운 결정임을 깨닫게 하시니 감사를 드립니다. 이제 제가 간단하게 생각할 줄 아는 사람이 되게 하여 주옵시고, 결단 내리는 데 담대하게 하옵소서. 주안에서!"(후략).

이 묵상을 읽는 당신의 마음은 어떤가? 나는 이 묵상을 옮겨 적으면서, 높은 곳에서 떨어지는 폭포수 아래 벗은 몸으로 서 있는 듯한 느낌을 가졌다. 이것을 그림으로 그리자면, 하나님의 진리가 이 묵상을 한 사람의 깊은 내면 세계에 폭포수처럼 부딪혀 삶의 근본을 마구 흔들어 놓고 있는 모습이라 하겠다.

위의 묵상은 앞 장에서 언급했던 깊은 묵상을 위한 두 가지 스킬을 모두 사용하고 있다. 즉 스스로에게 질문을 던지고 있으며, 질문을 통해 자신의 깊은 내면으로 점점 들어가고 있다. 또한 묵상을 기도로 승화시키면서 적용하고 있다. 물론 적용은 구체적이지 않다. 매우 추상적이다. 그래도 괜찮다. 삶의 원리를 바꾸고 있는 작업을 하고 있기 때문이다!

이분의 묵상은 원리(진리)를 깨달은 기쁨을 기록하고 있다. 말씀 속에서 살아가는 원리와 성공의 비결을 깨닫게 된 것을 감사하고 있는 것이다(위의 묵상 중에 밑줄 친 부분을 보라). 이분의 큐티는 지금 본문 큐티의 한계를 벗어나 날개를 달고 훨훨 날아가기 시작했다. 깊은 내면 세계를 향하여 여행하고 있는 것이다. 말씀이라는 비행기를 타고서….

원리 중심 큐티의 과정

자! 이제 부러워하고만 있지 말고 원리 중심 큐티의 세계로 들어가 보자. 원리 중심 큐티를 하기 위해서는 성경을 정확히 보는 것이 가장 중요하다. 이를 위해서는 관찰과 해석이라는 성경 연구 방법이 도입되어야 한다.

여기서 다시 한 번 언급하고 지나갈 것이 있다. 큐티는 성경 공부가 아니라는 사실이다. 더욱이 성경 연구도 아니다. 그럼에도 성경 연구의 두 가지 원리가 적용되는 것을 이상하게 생각하지 말았으면 좋겠다. 이런 과정의 목표는 말씀 묵상에 있지 말씀 연구에 있지 않기 때문이다. 묵상을 하다가 너무 내용이 좋아서 아예 그 부분을 가지고 성경 연구로 들어가는 경우도 있다. 그러나 이 과정은 묵상을 위한 것이라는 사실을 분명히 기억해야 한다. 물론 묵상의 마지막은 적용인 것은 두말할 필요도 없다.

원리 중심 큐티는 그 말이 의미하는 바와 같이 본문 내용에서 하나님 나라의 원리, 하나님이 택하신 당신의 백성을 다루시는 원리, 형통한 삶의 원리 등과 같은 삶의 본질적인 원리를 캐내어 묵상하는 것이다. 이러한 진리를 향한 여정은 정말로 '값진 진주를 캐내는' 기쁨의 과정이다. 그러면 원리 중심 큐티는 어떤 과정으로 이루어지는지 살펴보자.

1. 내용을 관찰하기

댈러스 신학교의 하워드 헨드릭스 교수는 성경을 잘 이해하는 사람과 그렇지 못하는 사람의 차이는 단지 누가 더 많이 보느냐에 달려 있다고 말한 바 있다. 많이 본다는 것은 그저 보는 것과는 다르다. 자세히 관찰한다는 것을 의미한다.

관찰이란 "보는 행위, 즉 사물의 실제 있는 그대로를 주목하고 알아내거나, 보이는 현상에 주의를 집중하는 기술"이다. 모든 것은 관찰로부터 시작된다. 그래서 장경철 교수는 "어떤 신비한 지식이 모자라서 우리가 일하지 못하는 것이 아니라 주변의 세계를 올바로 포착하지 못하기 때문에 재앙이 온다"고 말하였다. 묵상을 잘하기 위해서는 잘 관찰해야 한다. 좋은 결단은 좋은 관찰로부터 시작되기 때문이다.

앞 장에서도 몇 번 언급했다시피, 큐티를 지도하다 보면 가끔 큐티 본문과는 전혀 상관없는 묵상을 하고서 은혜를 받았다고 하는 분들을 만난다. 크게 잘못될 것은 없다. 그 은혜는 하나님이 주셨을 테니까…. 그러나 더 깊은 묵상을 하기 위해서는 본문 내용에 대한 정확한 이해가 반드시 선행되어야 한다. 다시 말하면, 본문 내용 속에서 묵상하고 내용 속에서 하나님의 말씀을 들으라는 것이다. 다음 본문을 읽고 본문 내용을 관찰해 보자.

요셉이 꿈을 꾸고 자기 형들에게 고하매 그들이 그를 더욱 미워하였더라 요셉이 그들에게 이르되 청컨대 나의 꾼 꿈을 들으시오 우리가 밭에서 곡식을 묶더니 내 단은 일어서고 당신들의 단은 내 단을 둘러서서 절하더이다 그 형들이 그에게 이르되 네가 참으로 우리의 왕이 되겠느냐 참으로 우리를 다스리게 되겠느냐 하고 그 꿈과 그 말을 인하여 그를 더욱 미워하더니 요셉이 다시 꿈을 꾸고 그 형들에게 고하여 가로되 내가 또 꿈을 꾼즉 해와 달과 열한 별이 내게 절하더이다 하니라 그가 그 꿈으로 부형에게 고하매 아비가 그를 꾸짖고 그에게 이르되 너의 꾼 꿈이 무엇이냐 나와 네 모와 네 형제들이 참으로 가서 땅에 엎드려 네게 절하겠느냐 그 형들은 시기하되 그 아비는 그 말을 마음에 두었더라 그 형들이 세겜에 가서 아비의 양 떼를 칠 때에 이스라엘이 요셉에게 이르되 네 형들이 세겜에서 양을 치지 아니하느냐 너를 그들에게로 보내리라 요셉이 아비에게 대답하되 내가 그리하겠나이다 이스라엘이 그에게 이르되 가서 네 형들과 양 떼가 다 잘 있는 여부를 보고 돌아와 내게 고하라 하고 그를 헤브론 골짜기에서 보내매 이에 세겜으로 가니라 어떤 사람이 그를 만난즉 그가 들에서 방황하는지라 그 사람이 그에게 물어 가로되 네가 무엇을 찾느냐 그가 가로되 내가 나의 형들을 찾으오니 청컨대 그들의 양치는 곳을 내게 가르치소서 그 사람이 가로되 그들이 여기서 떠났느니라 내가 그들의 말을 들으니 도단으로 가자 하더라 요셉이 그 형들의 뒤를 따라가서 도단에서 그들을 만나니라 요셉이 그들에게 가까이 오기 전에 그들이 요셉을 멀리서 보고 죽이기를 꾀하여 서로 이르되 꿈꾸는 자가 오는도다 자, 그를 죽여 한 구덩이에 던지고 우리가 말하기를 악한 짐승이 그를 잡아먹었다 하자 그 꿈이 어떻게 되는 것을 우리가 볼 것이니라 하는지라 르우벤이 듣고 요셉을 그들의 손에서 구원하려 하여 가로되 우리가 그 생명은 상하지 말자 르우벤이 또 그들에게 이르되 피를 흘리지 말라 그를 광야 그 구덩이에 던지고 손을 그에게 대지 말라 하니 이는 그가 요셉을 그들의 손에서 구원하여 그 아비에게로 돌리려 함이었더라 요셉이 형들에게 이르매 그 형들이 요셉의 옷 곧 그 입은 채색 옷을 벗기고 그를 잡아 구덩이에 던지니 그 구덩이는 빈 것이라 그 속에 물이 없었더라 그들이 앉아 음식을 먹다가 눈을 들어 본즉 한 떼 이스마엘 족속이 길르앗에서 오는데 그 약대들에 향품과 유향과 몰약을 싣고 애굽으로 내려가는지라 유다가 자기 형제에게 이르되 우리가 우리 동생을 죽이고 그의 피를 은익한들 무엇이 유익할까 자, 그를 이스마엘 사람에게 팔고 우리 손을 그에게 대지 말자 그는 우리의 동생이요 우리의 골육이니라 하매 형제들이 청종하였더라 때에 미디안 사람 상고들이 지나는지라 그들이 요셉을 구덩이에서 끌어올리고 은 이십 개에 그를 이스마엘 사람들에게 팔매 그 상고들이 요셉을 데리고 애굽으로 갔더라(창 37:5-28).

우선, 위의 본문을 어떻게 묵상할 것인가를 결정해야 한다. 본문은 요셉이 꿈을 꾸는 장면부터 시작하여 그 꿈 때문에 애굽으로 팔려 가는 과정까지를 묘사하고 있다. 묵상을 위한 몇 가지 방향이 있을 것이다. 요셉에게 꿈을 주시는 하나님은 어떤 분이신가?(묵상을 위한 첫 번째 안경이다.) 요셉은 어떤 사람이었기에 하나님의 귀한 도구가 되었는가?(따라야 할 모범) 또는 요셉의 주위에는 어떤 사람들이 있었는가?(피해야 할 오류) 등이다.

한 가지 방향으로 묵상하기 위해 우선, 하나님이 선택하신 사람 요셉은 어떤 인물이며 그가 어떻게 했는지를 중심으로(다른 것들이 포함될 수도 있다) 본문을 관찰하도록 하자. 밑의 공란에 관찰된 사실을 열거해 보라(실제로 해보기).

_____

_____

_____

_____

_____

무엇을 관찰했는가? 이 본문에서 관찰될 수 있는 요셉과 관계된 사실은 다음과 같다.

- 요셉은 두 번이나 꿈을 꾸었다.
- 꿈 때문에 형들의 미움을 받았다.
- 요셉은 자신의 꿈을 형들과 부모에게 설명하였다.
- 야곱은 아들들의 안부를 알기 위해 요셉을 심부름 보냈다.
- 형들은 심부름 오는 요셉을 죽이기로 모의한다.
- 결국 형들은 요셉을 구덩이에 던져 넣는다.
- 르우벤은 그를 구원하고자 했다.
- 유다는 요셉을 애굽에 팔자고 했다.
- 요셉은 형들의 손에 의해 애굽의 종으로 팔려 갔다.

이상은 본문의 내용을 통해 직접적으로 관찰할 수 있는 사실들이다. 여기에는 어떠한 주관적 해석도 들어가 있지 않다. 그저 순수하게 본문 내용을 통해 찾아낸 객관적 사실들이다. 실제로, 원리 중심 큐티의 관건은 이러한 관찰을 얼마나 정확하게 해내는가에 달려 있다. 관찰만 잘한다면 그 다음 과정은 어렵지 않다.

한 가지 덧붙일 것이 있다. 관찰할 때 어떤 관점에서 관찰할 것인가를 결정해야 한다는 것이다. 이것은 앞 장에서 설명한 본문 큐티를 오랫동안 훈련해 온 사람에게는 거의 자동적으로 이루어진다. 오랜 묵상 경험이 본문을 읽어 나가는 순간 이미 묵상할 주제를 결정해 준다. 다음 과정으로 넘어가 보자.

2. 일반적인 원리를 끌어내기

원리 중심 큐티의 첫 번째 과정은 내용에 대한 정확한 관찰이라고 했다. 다음은 관찰된 사실에서 일반적인 성경적 원리를 끄집어내는 과정이다. 이것을 나는 '묵상에 의한 내용의 재해석'이라고 부르고 싶다. 앞선 관찰이 객관적 사실에 대한 묘사라면, 이 과정은 관찰된 사실을 21세기를 살아가는 나의 시점에서 새롭게 해석하는 과정이다.(사실, 1과 2의 과정 사이에는 글로 표현할 수 없는 엄청난 비약이 있다. 이것은 어떻게 설명할 수가 없다. 이 두 단계 사이에는 깊은 침묵이 있다. 거의 영감과 직관에 의해 진리를 붙잡게 된다. 이런 면에서, 이 과정은 고대 동양의 철학가들이 추구하던 득도의 개념과 비슷하다. 이 점에 대해서는 동양 철학과 그리스도인의 큐티를 비교한 8장을 참조하라.)

앞에서 예로 든 본문, 창세기 37장 5-28절에서 관찰된 사실들로부터 끌어낼 수 있는 일반적인 원리는 다음과 같다.

- 하나님의 사람은 꿈꾸는 사람이다.
- 하나님의 사람은 하나님이 주시는 꿈을 소유한 사람이다.
- 요셉은 자신의 꿈을 표현할 줄 알았다.
- 요셉은 꿈이 있었음에도 불구하고 현실에서는 가장 나이 어린 심부름꾼이었다.
- 꿈꾸는 자 요셉은 그 꿈을 꺾으려는 세력들을 만나게 된다.
- 꿈이 있는 자는 그 꿈을 이루는 과정에서 구덩이에 던져짐을 경험한다.

- 꿈꾸는 자에게는 모든 환경이 꿈을 이루어 가는 과정으로 작용한다.
- 꿈이 있는 자는 죽지 않는다.
- 꿈꾸는 자에게는 그 꿈을 이룰 수 있는 계기가 주어진다.
- 가장 부정적인 환경이 가장 긍정적인 작용을 할 수 있다.

　이런 원리들은 관찰된 사실과는 다른 옷을 입고 있다. 관찰된 사실만을 본다면 잘 나타나지 않을 것이다. 그러나 관찰된 사실들을 침묵 가운데서 고요하게 음미하고 있노라면, 그 사실들 뒤에 숨어 있는 놀라운 원리들이 서서히 배어 나온다. 어떤 때에는 관찰한 사실보다 더 많은 것이 묵상을 통해 스며 나오는 것을 느낀다. 마치 쌀을 씻을 때 처음에는 우윳빛 나는 쌀뜨물 때문에 아무것도 보이지 않다가 움직이던 손이 멈추고 시간이 지나면 그릇 밑에 가라앉아 있는 쌀들이 그 모습을 명료히 드러내는 것과 같다. 여기에 말씀 묵상의 쾌감이 있다. 이것을 발견할 때의 기쁨은 이루 말할 수가 없다!

　이는 깊은 묵상을 통해서 얻는 영적 통찰이다. 관찰된 객관적 사실 속에서 하나님의 진리와 하늘나라, 하늘 백성의 삶의 원리를 발견해 내는 것은 깊은 영적 통찰이 아니면 불가능한 묵상의 과정이기 때문이다.

3. 일반적인 진리를 나의 삶 속에 특별한 진리로 가져오기

　원리 중심 큐티의 마지막 단계는 퍼 올린 진리들을 어떻게 나의 삶 속에 가져오는가 하는 것이다. 위에서 관찰된 사실들로부터 열 가지의 일반적인 진리들을 발견했다고 할 때, 이 열 가지 모두를 특별한 진리로 적용하는 것이 아니라, 그 중에서 지금 나에게 가장 의미가 있는 것을 선택해서 집중적으로 묵상하는 것이다. 이 묵상의 과정 속에 새로운 깨달음과 기도, 결단, 적용 등 모든 것이 포함된다(물론 적용하는 부분을 따로 떼어서 할 수도 있다). 그러면 위의 진리를 통해 어떻게 묵상할 수 있는지 예를 살펴보자.

하나님의 성령에 의해 다루어진 인생, 야곱의 이야기가 종말을 고하고 37장에서부터는 오실 그리스도의 표상 요셉의 이야기가 등장한다. 요셉은 흔히 꿈꾸는 자, 꿈을 이루기 위해 준비하는 하는 자, 미래를 바라보며 인내하는 자, 하나님의 신적 섭리를 끝까지 믿었던 자로 알려져 있다. 창세기는 아브라함, 이삭, 야곱의 일대기를 통해 성부, 성자, 성령의 역사를 예시해 왔다. 그리고 요셉의 일대기를 소개하면서 이제 그리스도의 사역을 준비하고 있는 것이다. 요셉은 어떤 사람인가? 요셉은 어떻게 성공하였는가? 요셉은 어떻게 사람들을 섬길 수 있었는가? 요셉은 왜 꿈을 꾸게 되었는가? 이것을 살펴보면서 오실 그리스도의 그림자를 묵상해 볼 수 있는 것이다(중략).

요셉은 어떤 사람인가? 무엇이 요셉으로 하여금 역사의 무대에 서게 하였는가? 요셉을 통해서 볼 수 있는 하나님의 사람은 어떤 사람인가?

1) 하나님의 꿈을 소유한 사람이다.

이 세상에 꿈을 꾸는 사람은 많다. 요셉도 그러한 사람 중 한 사람에 불과하다. 그러나 다른 점이 있다. 그것은 그가 소유한 꿈이 '하나님의 꿈'이라는 사실이다. 이 꿈은, 멀리는 조상 아브라함의 꿈이었으며 가까이는 야곱과 이삭을 통해서 이루시려는 하나님의 꿈이었던 것이다.

요셉이 잘나서, 특별히 탁월해서 꿈을 소유하게 된 것이 아니다. 조상들의 순종과 믿음의 유산으로 하나님의 은혜에 의해 소유된 것이다. 따라서 하나님의 꿈을 소유하는 것은 전적으로 하나님의 은혜이다. 현재의 믿음과 하나님에 대한 헌신이, 나 자신 뿐 아니라 나의 후손에게도 하나님의 꿈을 소유하게 하는 결정적인 역할을 한다는 사실을 기억해야 한다.

나에게는 어떤 꿈이 있는가? 그 꿈이 나의 계획의 일부인가? 아니면 하나님께서 주신 하나님의 비전인가? 하나님의 나라를 세우며 영혼들을 위한 그릇으로 쓰임받고자 하는 꿈이 내게 있다. 하나님은 나의 이 꿈을 이루어 가실 것이다.

2) 자신의 꿈을 표현하는 사람이다.

꿈을 소유한 사람은 많지만 하나님의 꿈을 소유한 사람은 적으며, 꿈을 품은 사람은 많지만 꿈을 표현하는 사람은 적다. 요셉의 남다른 점은 자신의 꿈을 다른 사람에게 표현했다는 사실이다. 이는 그가 열일곱 살 소년으로서 유치했기 때문에 앞뒤 가리지 않고 떠벌린 것인지, 아니면 그가 이 꿈을 매우 중히 여겨서 그것이 반드시 이루어질 것을 예상하고 그랬는지 분명하지는 않다. 설령 그가 전자의 경우, 즉 앞뒤 생각 없이 자신의 꿈을 떠벌렸다손 치더라도, 분명한 사실은 자신의 꿈을 어떤 형태로든지 표현했다는 것이다. 이는 아주 중요하다. 꿈은 신기한 요술과 같아서, 표현할 때 그 출발이 이루어지는 것이다. 이런 면에서 표현되지 않는 꿈은 정말로 꿈에 불과하다. 표현될 때 그것은 더 이상 꿈에 머무르지 않고 비전이 되는 것이다.

나의 꿈은 잘 표현되고 있는가? 나의 꿈은 나의 가정에서, 공동체에서 잘 표출되고 있는가? 나는 나 자신에게, 그리고 나와 함께 하는 가족과 공동체 속에서 나의 꿈을 자연스럽게 표현하고 있는가?

3) 현실에 철저하게 순응하는 사람이다.

요셉이 모든 형제와 부모로부터 존경과 경배의 대상이 되는 꿈을 가졌다 하더라도, 그것은 미래에 이루어질 일이다. 요셉은 그 꿈을 생각하며 거만하게 아무것도 하지 않고 있었던 것이 아니다. 그의 꿈이 아직 이루어지지 않았으므로, 그리고 아직 때가 되지 않았으므로, 그는 열일곱 살의 목동일 뿐이었다. 즉 그의 꿈과는 무관하게, 아직 변하지 않는 현실 속에서 자신이 해야 할 일을 묵묵히 하고 있었을 뿐이었다.

요셉의 아버지가 형들의 소식이 궁금해서 요셉을 먼 곳으로 정찰하러 보내는 과정 속에서 그의 순종의 모습은 극명하게 드러난다. 그는 "안 갈래요, 나는 그런 일을 할 사람이 아니에요. 나는 꿈이 있단 말이에요"라고 아버지에게 반항하지 않았다. 그는 아무런 군소리 없이 대답했다. "제가 그러하겠나이다." 이것이 꿈을 가진 자의 현실에서의 모습이다.

나에게는 꿈이 있다. 하나님께서 내게 주신 은사를 따라 말씀의 새 타작 기계가 되어 산들을 쳐서 부스러기를 만드는 꿈이다(사 41:15-16). 그럼에도 불구하고 아직 그때가 되지 않았으므로 나는 지금 내가 해야 할 일들을 철저하게 감당해야 한다. 교육부의 일들도 좀더 적극적으로 해결해 나가야 한다. 절대로 이것을 다른 사람에게 미루어서는 안된다. 이것은 내가 책임을 져야 하는 일이다. 나는 교훈을 깨달았다. 하나님은 언제나 성실할 것과 겸손할 것을 원하신다는 사실이다. 그리고 하나님께서 세우신 권위들에 대하여 머리 숙이는 자세를 원하신다는 사실이다.

4) 꿈꾸는 자에게는 꿈을 방해하는 사람과 꿈을 이룰 수 있도록 도와

주는 사람이 나타난다.

그 사람들이 꿈꾸는 자의 삶에 직접적인 영향을 끼친다. 그러나 결국
그들 모두는 하나님께서 허락하시고 계획하시는 꿈의 성취를 위해 음
으로, 양으로 이바지하게 된다. 이렇게 보면 내가 접하는 모든 사람이
꿈을 이루는 과정에 있어서 일정한 역할을 감당해 주는 신적 도구로
작용하고 있는 것이다. 그러므로 꿈이 있는 사람의 대인 관계는 언제
나 맑음이다. 그것이 부정적인 영향을 끼치든 긍정적인 영향을 끼치든
상관없이, 결국은 하나님의 비전은 성취되게 되어 있다. 여기에 꿈꾸는
자의 안전성(security)이 존재한다. 꿈이 하나님께로 왔다면 그 인생은
이미 성공이다. 남은 삶은 과연 어떻게 성공을 성취해 나가느냐 하는
것일 뿐이다.

내가 경험하고 있는 모든 환경은 하나님께서 내게 주신 꿈을 이루어
가는 도구가 된다. 내가 만나는 모든 사람도 하나님께서 계획하신 '인
생 채찍'들이다. 그들이 나에게 긍정적 영향을 주든 부정적 영향을 주
든, 모두 하나님께서 허락하신 사람들이다. 물론 분별하여 받아들이는
것은 나의 책임이다. 내가 겪고 있는 모든 일들은 선하신 하나님의 섭
리 속에 일어나는 일이다. 이러한 모든 것이 어우러져 하나님께서 주
신 위대한 꿈이 영글어 가고 있는 것이다. 현실에 대하여 진정으로 하
나님께 감사드리자. 이 모든 것을 허락하신 주께 마음으로부터 감사를
올려 드리자. 불편하지 말고….

위의 묵상에서 밑줄 친 부분은 새롭게 발견한 진리나 새로운 깨달음
이다. 위의 묵상은 원리 중심 큐티가 어떻게 진행되는지를 잘 보여 주

고 있다. 신기한 것은, 관찰된 사실들을 침묵 속에서 응시하고 있으면 (나는 대부분 관찰된 사실을 먼저 노트에 기록한다) 그 속에서 놀라운 하나님의 원리들이 하늘로부터 떨어지는 것을 경험한다는 것이다. 관찰된 사실을 노트에 조금(간단하게) 정리해 나가다 보면, 위의 묵상에서 보았듯이 깊게 묵상을 해야 하는 방향이 정해진다. 그러면 그 방향을 향해 한없이 깊이 묵상해 들어갈 수 있게 된다.

원리 중심 큐티를 하면 삶의 깊은 차원으로 내려간다. 나도 모르는 나의 내면 속으로 들어가 나를 조종하고 있는 나를 만나게 된다. 또한 삶의 높은 차원으로 올라간다. 나의 삶을 주관하시는 하나님의 원리를 깨닫게 된다. 하나님의 시각으로 나와 관계된 것을 보게 되는 것이다.

원리 중심 큐티를 설교로 다듬기

내가 원리 중심 큐티를 하면서 가장 많은 복을 누린 영역은 설교이다. 나는 이 큐티로 설교의 기본적인 문제를 해결했다. 목회자로서 가장 자부심을 갖는 일은 설교하는 일일 것이요, 동시에 가장 곤혹스러운 일도 설교하는 일일 것이다. 설교는 하나님이 목회자에게 주시는 하나님의 말씀을 청중에게 전달하는 행위이다. 그 과정 중에 물론 가르침의 요소도 있겠고, 설득의 요소도 있겠고, 정보 전달의 요소도 있다. 그러나 무엇보다 중요한 것은 하나님 말씀의 '선포'라는 요소라고 할 수 있다.

목회자가 가장 자신 없는 설교는 누구누구의 이야기나 책 속에서 배운 지식을 청중에게 전달하는 설교일 것이다. 반면에 가장 자신 있는 설교는 하나님께 직접 받은 진리의 말씀을 청중에게 선포하는 설교일 것이다. 그래서 목회자마다 가장 심혈을 기울이는 것이 설교를 준비하는 일이다.

설교 준비에 필요한 요소는 본문 선정하기, 본문의 역사적·문자적·사회적·문화적·문학적 배경 살피기, 본문 내용에 대한 깊은 이해, 본문 내용이 현시대의 청중에게 의미하는 바를 찾아내기, 그리고 그 의미를 통하여 청중의 삶을 변화시키기 위한 도전 등이다. 놀라운 사실은 원리 중심 큐티를 하면 설교 준비에 필요한 거의 모든 요소들을 자동적으로 섭렵하게 된다는 것이다.

원리 중심 큐티를 하기 위해서는 본문에 대한 명확한 이해가 있어야 한다. 원리 중심 큐티는 본문이 의미하는 것을 통찰력을 가지고 살피는 작업이다. 본문에서 현시대를 살고 있는 나에게(청중에게) 적용되어야 하는 진리를 찾아내는 작업이다. 그 원리를 '나'라는 청자에게 투영하는 묵상의 과정이다. 그리고 내 삶의 표면에 있는 행동을 변화시키기 위한 삶의 태도와 철학을 개조하는 작업이다. 이러한 원리 중심 큐티는 큐티하는 사람의 내면 세계를 완전히 말씀으로 한 바퀴 돌리는 과정이기 때문에 큐티 자체가 감동이다. 만약 이 감동이 청중들에게 그대로 전달된다고 상상해 보자. 이보다 더 강력하고 설득력 있는 설교가 어디 있겠는가?

따라서 원리 중심 큐티는 설교를 준비하는 데 가장 좋은 재료이다. 물론 원리 중심 큐티 그 자체가 설교는 아니다. 그러나 원리 중심 큐티가 설교에 필요한 탁월한 준비의 반 이상을 해결해 줄 수 있다.

원리 중심 큐티가 설교로 쉽게 전환되어 사용될 수 있는 이유는 다음과 같다.

- 내용 면에서, 설교자가 먼저 깊게 묵상한 내용이다. 본문의 내용을 깊이 있게 묵상했기 때문에 전해지는 감동이 다를 수밖에 없다. 리처드 포스터는 "오늘날 절실히 요청되는 사람은 지능이 높거나 혹은 재능이 많은 사람이 아니라 깊이가 있는 사람이다"라고 말했다. 묵상은 깊이 있는 사람으로 성숙하는 지름길이다. 왜냐하면 묵상의 과정을 통해서 하나님의 음성을 듣기 때문이다.
- 삶의 원리를 다루기 때문에 누구나 쉽게 적용할 수 있다. 이것이 원리 중심 큐티의 가장 큰 강점이다. 원리 중심 큐티는 삶의 표면의 문제를 다루지 않는다. 삶의 중심의 철학을 다룬다. 외부에 보여지는 모습을 다루지 않는다. 내부에 숨겨진 모습을 다룬다. 밖으로 표현되는 언어 자체를 문제삼지 않는다. 안에서 그 언어를 통제하고 있는 생각을 문제삼는다. 그렇기 때문에 어떤 사람에게도 호소력이 있다. 선포된 진리에 따라 각기 적용하는 부분이 다르기 때문이다.

나는 원리 중심 큐티로 준비한 설교를 최근에도 몇 번 했다. 그런데, 큐티를 재료로 설교를 준비할 때는 본문에 대한 연구가 좀더 많이 필요하다. 왜냐하면 큐티할 때 잠시 관찰했던 것만 가지고는 설교로 전환하기에 충분한 데이터가 되지 못하기 때문이다. 그러나 묵상을 통해서 내가 받은 말씀, 즉 삶의 원리는 그대로 청중에게 선포한다〔그것이 설교의 대지(大旨)가 된다〕. 단, 그 대지를 뒷받침하는 성경 구절이나 예화, 이야기 등은 따로 더 준비해야 한다. 위의 원리 중심 큐티를 재료로 준비한 설교를 이 장의 마지막 부분에 실어 놓았다.

원리 중심 큐티를 잘하기 위한 기술

이렇게 원리 중심 큐티는 일석이조 아니 일석삼사조의 효과가 있는 엄청난 영적 훈련이 된다. 그러면 원리 중심 큐티를 지속적으로 잘할 수 있는 방법은 무엇일까? 다음과 같이 생각할 수 있다.

1. 먼저 선정된 본문을 읽되 다른 번역본(다른 한글 번역, 특히 영어 번역)을 함께 읽으라.

2. 본문을 깊이 있게 관찰한 후 내용을 간략하게 정리한다.

3. 관찰된 내용을 침묵 속에서 다시 음미하라. 그리고 내용을 가능하면 자신의 말로, 자신이 이해한 수준에서 한번 써 보라(길지 않게). 이때 부담되던 묵상의 방향이 정해지는 것을 경험하게 된다.

4. 하나님이 주시는 삶의 원리, 하나님 나라의 원리, 일반적인 진리들을 중심으로 일단 묵상을 써 내려가 보라. 그러면 묵상이 신비스럽게 풀려 나갈 것이다.

5. 묵상을 써 나가면서 자신의 삶 속에 그 원리들을 가져 오라. 그리고 자신의 삶의 태도와 철학을 교정하는 작업을 하라. 그러면 구체적인 행동의 변화가 함께 따라오게 된다.

6. 무엇보다, 이런 큐티를 수없이 반복하고 잘 안되더라도 계속하는 것이 중요하다. 묵상도 훈련임을 잊지 않는다면 좌절하기보다 일어서는 일이 더 빈번해질 것이다(나는 본문 큐티를 10년, 원리 중심 큐티를 5년 정도 하고 있다). 무엇이든 쉽게 얻어지는 것은 환상에 불과하다.

원리 중심 큐티를 재료로 한 설교

꿈꾸는 자의 꿈 (Dreamer's Dream)
　　－창세기 37:5－28－

「성경은 경영학 교과서」라는 책이 있습니다. 성경을 자세히 공부하면 가정을 경영하고 기업을 경영하는 귀중한 원리들을 많이 발견할 수 있기 때문입니다. 저는 성경이 「성공학 교과서」라고 확실히 믿습니다. 왜냐하면 성경에 소개되고 있는 믿음의 조상들의 삶을 잘 살펴보면, 그들은 결국 인생을 성공적으로 살았던 사람들이기 때문입니다. 물론 그렇지 못한 사람들도 많이 있지요. 그러나 그런 인물들의 삶을 통해서도 오늘을 살아가는 저와 여러분의 인생이 어떻게 형통해야 할 것인지에 대한 교훈을 배울 수 있는 것입니다.

'성공'이라고 하면 어쩐지 세상적인 냄새가 나는데, 그러면 이것을 '형통'이라는 말로 바꾸어 쓰면 듣기에 편안하실지 모르겠습니다. 결국 같은 의미를 갖고 있으니까요.

하나님은 우리가 인생에서 형통하기를 원하십니다. 성공적인 삶을 살기 원하십니다. 의미 있는 삶을 살기 원하십니다. 창세기 1장 27－28절을 보니까, "하나님이 자기 형상 곧 하나님의 형상대로 사람을 창조하시되 남자와 여자를 창조하시고 하나님이 그들에게 복을 주시며 그들에게 이르시되 생육하고 번성하여 땅에 충만하라, 땅을 정복하라, 바다의 고기와 공중의 새와 땅에 움직이는 모든 생물을 다스리라 하시니라"라고 기록되어 있습니다. 이것이 하나님의 생령을 가지고 창조된 인간을 향한 하나님의 가장 기본적인 마음인 것입니다. 다시 말하면 하나님은 우리가 이 땅 위에 살면서 가장 형통하고, 가장 의미 있는 삶을 살기 원하십니다.

우리가 이러한 형통한 삶을 살게 하시기 위해서 하나님께서는 성경 말씀 속에 성공적인 삶의 원리를 엄청나게 많이 담아 놓으셨습니다. 잠언, 전도서와 같은 지혜의 말씀을 통해, 그리고 하나님께서 선택하신 인물들의 삶의 모본을 통해 하나님은 우리에게 이런 비밀들을 깨닫게 하시는 것입니다.

오늘 우리가 볼 본문은 이 땅에 메시아로 오실 그리스도의 표상, 요셉 이야기의 시작입니다. 요셉은 흔히 꿈꾸는 자, 꿈을 이루기 위해 준비하는 하는 자, 미래를 바라보며 인내하는 자, 하나님의 신적 섭리를 끝까지 믿었던 자로 알려져 있습니다. 창세기는 아브라함, 이삭, 야곱의 일대기를 통해 성부, 성자, 성령의 역사를 예시해 왔습니다. 그리고 요셉의 일대기를 소개하면서 이 땅에서 가장 성공적인 삶을 사셨던 그리스도의 모습을 소개하고 있습니다. 우리가 오늘 본문을 보면서 요셉은 어떤 사람인가, 요셉은 어떻게 성공할 수 있었는가, 요셉은 어떻게 사람들을 섬길 수 있었는가, 요셉은 왜 꿈을 꾸게 되었는가 하는 관점에서 하나님의 마음을 묵상했으면 좋겠습니다.

요셉은 어떤 사람입니까? 삶의 어떤 요소가 요셉으로 하여금 역사의 무대에 서게 하였습니까? 요셉의 삶을 볼 때 어떤 사람이 형통하는 사람입니까?

1. 하나님의 꿈을 소유한 사람입니다.
이 세상에 꿈을 꾸는 사람은 많습니다. 요셉도 그러한 사람 중 한 사람에 불과합니다. 그러나 다른 점이 있습니다. 바로 그가 소유한 꿈은 '하나님의 꿈'이라는 사실입니다. 이 꿈은 멀리는 조상 아브라함의 꿈이었으며, 가까이는 야곱과 이삭의 꿈이었던 것입니다. 요셉이 잘나서, 또는 특별히 탁월해서 꿈을 소유하게 된 것이 아닙니다. 조상들의 순종과 믿음의 유산으로 하나님의 은혜에 의해 갖게 된 것입니다.

우리는 여기서 두 가지 깨달음을 갖게 됩니다. 하나님의 꿈을 소유하는 것은 전적으로 하나님의 은혜이지 그 사람의 우월함이나 재능의 문제가 아니라는 사실입니다. 또한 현재의 믿음과 하나님에 대한 헌신이 나 자신뿐 아니라 나의 후손이 하나님의 꿈을 소유하게 하는 데도 결정적인 역할을 한다는 사실입니다. 이 두 가지를 기억해야 합니다.

아무리 많은 재능을 가졌고, 아무리 좋은 여건에 놓여 있다 하더라도 꿈이 없는 사람은 결코 지도자가 될 수 없습니다. 다만 관리인일 뿐입니다. 예츠는 "꿈에서 책임감이 시작된다. 비전은 깨어 있는 꿈이다. 지도자의 책임은 비전을 현실로 바꾸는 것이다"라고 말했습니다. 한 사람이 인생을 향한 꿈을 갖기 전에는, 그는 진정으로 태어난 것이 아닙니다.

요즘 우리 나라는 IMF로 많은 어려움을 겪고 있습니다. 이러한 때, '변화 관리'의 전문가인 윤은기 씨는 이렇게 말합니다. "위험하고, 더럽고, 힘든 3D는 또 다른 D가 있을 때 얼마든지 극복될 수 있다. 그것은 Dream (꿈)이다." 믿지 않는 사람들도 이와 같이 꿈의 중요함을 말하고 있습니다. 이러한 원리가 어디서 왔을까요? 성경입니다. 성경은 이미 하나님께서 주시는 꿈이 얼마만큼 인생에서 결정적인 역할을 하는가를 말하고 있습니다. 잠언 29장 18절에 "묵시가 없으면 백성이 방자히 행하거니와 율법을 지키는 자는 복이 있느니라"는 말씀이 있습니다. 여기서 묵시란 revelation, 즉 하나님의 계시입니다. 다른 말로 하면 우리를 향하신 하나님의 비전인 것입니다. 그렇습니다. 우리에게 지금 필요한 것은 바로 꿈, 그것도 하나님께서 주신 꿈인 것입니다.

당신에게는 꿈이 있습니까? 당신의 머릿속에 어렴풋이 생각하고 있는 그런 계획말고, 하나님께서 영감으로 주신 놀라운 비전이 있느냐는 것입니다. 꿈을 주시도록 기도하십시오. 하나님은 꿈꾸는 자의 꿈을 통해 역사해 오셨습니다.

2. 자신의 꿈을 표현하는 사람입니다.

우리는 어렸을 적부터 꿈을 가지고 있었습니다. 대통령이 되는 꿈, 큰 기업체를 이끌어 가는 꿈, 세계에서 가장 멋진 빌딩을 짓는 꿈, 신데렐라처럼 사는 꿈… 그러나 꿈을 소유한 사람은 많지만 하나님의 꿈을 소유한 사람은 적으며, 꿈을 품은 사람은 많지만 꿈을 표현하는 사람은 적습니다.

요셉의 남다른 점은 자신의 꿈을 다른 사람에게 말했다는 사실입니다. 그가 열일곱 살 소년으로서 미성숙하여 앞뒤 가리지 않고 떠벌렸는지, 아니면 그가 이 꿈을 매우 중히 여겨서 그것이 반드시 이루어질 것을 예상하고 말했는지 분명하지는 않습니다. 그러나, 설령 그가 전자의 경우, 즉 앞뒤 생각 없이 자신의 꿈을 떠벌렸다손 치더라도, 중요하고 분명한 사실은 그가 자신의 꿈을 어떤 형태로든지 표현했다는 것입니다.

꿈은 신기한 요술과 같아서 우리의 입을 통해 밖으로 표현될 때, 그 출발이 이루어지는 것입니다. 이런 면에서, 표현되지 않는 꿈은 정말로 꿈에 불과합니다. 꿈이 표현될 때 그것은 더 이상 꿈에 머무르지 않고 비전이 되는 것입니다. 에머슨은 말합니다. "말은 능력이다. 말은 설득하고, 회심시키고, 강요한다." 우리의 입을 통해 말해진 꿈은 우리의 마음속에 뚜렷한 영상을 만들어 내고, 종국적으로는 마음속에 그려진 그 영상이 실제가 되는 것입니다. 이런 상상의 원리를 터득했던 조용기 목사님은 가마니를 깔고 교회를 시작하면서 세상에서 가장 큰 교회에 대한 꿈을 키우셨다고 합니다.

스킵 로스라는 사람이 있었습니다. 그는 풀러 신학교를 졸업할 때쯤, 개인적 삶과 사업, 그리고 영적인 삶이 거의 파산한 상태였습니다. 이때 어떤 세미나에서 "당신은 지금, 당신이 원하는 바로 그것을 소유하고 있는 것입니다"라는 말을 듣고 다시 일어나, 18개월 만에 자신의 모든 삶을 형통한 삶으로 변혁시켰습니다. 그는 어딜 가든지 이렇게 말합니다. "당신의 미래를 말로 나타내십시오. 우리가 긍정적인 진술을 하고 그것을 반복해서 말할 때, 우리는 그것을 믿기 시작할 것입니다. 우리가 그것을 믿기 시작할 때, 그것을 보기 시작할 것입니다."

저는 최근에 코라배서 지그문트라는 독일 사람이 벌이는 NLP운동에 대한 책을 읽었습니다. 이것이 무엇이냐면 Neuro-Linguistic Program, 즉 신경 언어 프로그래밍이라는 것입니다. 우리의 두뇌는 언어와 밀접한 관계가 있어서, 일단 말을 하게 되면 두뇌가 그것을 알아듣고 말하는 것에 따라 머리를 쓰게 된다는 것입니다. 부정적인 말을 하면 부정적인 생각과 아이디어를, 창조적이고 긍정적인 말을 하게 되면 창조적이고 긍정적인 생각과 아이디어를 창출해 낸다는 것입니다. 그래서 말하는 것이 중요하다고 강조합니다.

참으로 놀라운 사실은 이런 착상이 어디서 왔느냐는 것입니다. 세상 사람들은 이런 것이 모두 자신의 머릿속에서 왔다고 생각하겠죠. 그러나 보세요. 꿈을 표현하고 말하는 것의 중요성은 이미 창세기에 선명하게 언급되고 있지 않습니까? 사람들은 이제서야 이 원리를 터득하고 있을 뿐입니다. 예수께서도 자신의 비전을 제자들에게 감추지 않으셨습니다. 오히려 적극적으로 표현하셨습니다.

마태복음 16장 21절을 보십시오. "이때로부터 예수 그리스도께서 자기가 예루살렘에 올라가 장로들과 대제사장들과 서기관들에게 많은 고난을 받고 죽임을 당하고 제삼일에 살아나야 할 것을 제자들에게 비로소 가르치시니." 가장 인생을 성공적으로 사셨던 분, 자신의 비전을 알고 그 비전을 죽기까지 성취하셨던 우리 주님도 당신의 꿈을 표현하셨던 것입니다.

꿈은 표현되어야 합니다. 꿈이 표현될 때 비로소 우리의 두뇌는 그 꿈을 이룰 준비를 하게 됩니다. 창조적이고 긍정적인 아이디어를 내게 됩니다. 당신의 꿈은 잘 표현되고 있습니까? 가정에서, 공동체에서 잘 표출되고 있습니까?

3. 꿈속에 살지 않고 현실에 순응하는 사람입니다.

요셉이 모든 형제와 부모에게 존경과 경배의 대상이 되는 꿈을 가졌다 하더라도 그것은 미래에 이루어질 일입니다. 요셉은 그 꿈만을 생각하며 거만하게 아무것도 하지 않고 있었던 것이 아닙니다. 그의 꿈이 아직 이루어지지 않았으므로, 그리고 아직 때가 되지 않았으므로 그는 지금 열일곱의 목동에 불과한 것입니다. 즉 꿈과는 무관하게, 변하지 않는 현실 속에서 요셉은 자신이 해야 할 일을 묵묵히 순종하고 있었을 뿐입니다.

요셉의 이러한 삶의 모습은 그의 아버지가 형들의 소식이 궁금하여 그를 먼 곳으로 정찰하러 보내는 과정에서 극명하게 드러납니다. 그는 아버지의 심부름에 "안 갈래요, 나는 그런 일을 할 사람이 아니에요. 나는 꿈이 있단 말이에요"라고 반항하지 않았습니다. 그 대신 그는 이렇게 말했습니다. "내가 그러하겠나이다." 이것이 꿈을 가진 자의 현실에서의 모습입니다.

누가복음 2장 51-52절을 보면 예수께서 공생애 사역을 시작하시기 전의 삶에 관한 모습을 볼 수 있습니다. "예수께서 한가지로 내려가사 나사렛에 이르러 순종하여 받드시더라 그 모친은 이 모든 말을 마음에 두니라 예수는 그 지혜와 그 키가 자라가며 하나님과 사람에게 더 사랑스러워 가시더라." 우리 주님께서는 당신의 때를 기다리셨습니다. 당신이 메시아라고 해서 거만하게 사람 위에 군림하지 않으셨습니다. 하나님의 정하신 때가 되기까지 부모 밑에서 겸손히 배우셨습니다. 그리고 '때가 차매' 당신의 꿈을 펼치신 것입니다.

한번은 헨리 포드에게 기자들이 몰려와서 물었습니다. "선생님, 어떻게 하면 선생님처럼 인생을 성공적으로 살 수 있습니까?" 이때 포드는 웃으면서 이렇게 말했다고 합니다. "진정으로 성공하기를 원하십니까? 그러면 당신이 지금 하고 있는 일을 5분만 더 하십시오." 이것이 인생을 살아가는 지혜입니다. 꿈이 있는 자는 결코 그 꿈에 취해서 현실을 무시하는 사람이 아닙니다. 오히려, 꿈이 있기 때문에 현실을 성실하게 준비하는 사람입니다.

하나님은 하나님의 사람에게 하나님의 꿈을 주십니다. 우리의 인생은 하나님의 꿈을 이루어 드리는 형통한 인생이 되어야 합니다. 하나님의 꿈을 가진 사람이 형통한 사람입니다. 하나님이 주신 자신의 꿈을 표현하는 사람이 형통한 인생을 살게 됩니다. 그리고 꿈속에서 살지 아니하고 현실에 성실할 때 형통한 삶을 살게 됩니다. 그러나 오늘 본문을 보면 형통한 삶을 꿈꾸는 사람이 반드시 기억해야 하는 사실이 있습니다. 그것은 바로 하나님의 꿈은 하나님이 이루어 가신다는 사실입니다.

요셉의 형들은 요셉을 죽이려 했습니다. 꿈꾸는 자의 꿈을 짓밟으려 했습니다. 그 형들 중에 르우벤은 요셉을 구덩이에서 구해 주려 했습니다. 꿈꾸는 자에게는 꿈을 방해하는 사람(환경)과 꿈을 이룰 수 있도록 도와 주는 사람(환경)이 나타나게 됩니다. 그런데 이 둘 중 어떤 것이 꿈을 이루는 데 결정적인 영향을 끼칠까요? 방해하는 사람입니까? 아니면 도와 주는 사람입니까? 둘 다입니다. 형들이 요셉을 구덩이에 넣지 않으면 그는 애굽으로 팔려 가지도 않았을 것입니다. 르우벤과 유다가 그를 살려내어 애굽에 팔지 않았다면 그의 역전 드라마는 시작되지도 않았을 것입니다.

두 부류의 사람들이 꿈을 가진 자의 삶에 어떻게 영향을 미치든 간에 모두가 하나님께서 허락하시고 계획하시는 꿈의 성취를 위해 음으로, 양으로 이바지한다는 사실을 깨닫게 됩니다. 꿈꾸는 자가 만나는 모든 사람이, 꿈을 이루는 과정에서 일정한 역할을 감당해 주는 신적 도구로 작용하고 있는 것입니다.

그러므로 꿈이 있는 사람의 대인 관계는 언제나 맑음입니다. 그것이 부정적인 영향을 끼치든지 긍정적인 영향을 끼치든지 상관없이, 결국은 하나님의 비전은 성취되게 되어 있습니다. 여기에 꿈꾸는 자의 안전이 존재합니다. 꿈이 하나님께로 왔다면 그 인생은 이미 성공입니다. 남은 삶은 과연 어떻게 성공을 성취해 나가느냐 하는 것일 뿐입니다.

하나님의 꿈을 이루어 가는 여정에서 우리는 많은 장애물을 만나게 됩니다. 요셉처럼 구덩이에 빠지기도 합니다. 그러나 중요한 것은, 그 구덩이를 통해서 요셉은 바로를 제외한 애굽의 실제적인 일인자가 되었다는 사실입니다. 시드로우 백스터는 이렇게 말했습니다. "장애물과 기회의 차이는 무엇인가? 그것에 대한 우리의 태도이다. 모든 기회에는 어려움이 있으며 모든 어려움에는 기회가 있다". 특히 오늘을 사는 그리스도인에게, 저와 여러분에게 모든 위기는 곧 하나님의 기회입니다. 누군가가 인생을 숫돌에 비유했습니다. 그 숫돌이 우리를 갈아 없애느냐, 아니면 우리를 윤이 나게 갈아 주느냐 하는 것은 우리가 그것을 어떻게 이용하느냐에 달려 있는 것입니다.

하나님께서는 어떤 사람을 교육하기 원하실 때, 그를 은혜의 학교가 아니라 필요와 궁핍의 학교에 보내십니다. 그 학교를 통과한 사람마다 위대한 하나님의 사람으로 성숙하여 하나님의 위대한 꿈을 이루어 드린 사람이 되었던 것입니다. 꿈꾸는 자의 꿈! 그것은 하나님의 비전이요, 하나님께서 이루어 가시는 꿈입니다. 그 꿈을 이루어 드리는 저와 여러분이 되기를 소원합니다.

7

큐티 가지고 말씀 사역 하기

일석삼조의 큐티

큐티를 잘하면 무엇이 좋은가? 큐티에 대하여 공부하러 모인 사람들을 많이 보았다. 계속 하리라고 다짐하는 사람들도 많다. 그러나 정말로 큐티를 지속하는 사람들은 적다.

최근에도 우리 교회에서 큐티 반을 인도하였다. 참가자들은 열심히 큐티를 배웠다. 10주 동안 진행되는 훈련을 통해서 매주마다 말씀을 보고 묵상하는 능력이 확연히 달라지는 것을 관찰하였다. 그런데 이들을 보면서 나의 마음속에 계속 부담이 되어서 간절히 소원하며 기도할 수밖에 없었던 것은, 이 훈련생들이 제발 한달 두달, 아니 일년 이년 그리고 평생토록 큐티를 하게 해달라는 것이었다. 큐티의 생명은 아무리 생각해 보아도 지속성에 있는 것 같다. 아무리 큐티의 새로운 기법과 방법을 배운다 하더라도 실제로 큐티를 지속하지 않는다면 그 배움이 무슨 소용 있겠는가?

큐티를 지속적으로 하면 다음과 같은 것을 얻게 된다. 정말이다!

- **개인의 영성이 깊어진다.** 말씀을 통해서 하나님과 교제하기 때문이다. 말씀을 통해서 하나님의 뜻을 분별할 줄 알게 되기 때문이다.
- **개인의 인격이 성숙한다.** 말씀의 역사는 곧 성령의 역사이다. 그러므로 말씀을 접하고 묵상한다는 것은 성령의 충만한 흐름 속에 잠겨 있다는 말이다. 성령의 열매는 곧 인격의 열매이다. 그러므로 큐티를 지속하는 사람은 하나님이 원하시는 인격의 열매를 맺어 간다. 나는 나의 아내가 큐티를 지속하는 한 싸울 일이 없다. 나와 동역하는 형제자매들이 큐티를 지속하는 한 그들과 얼굴을 찌푸리며 대면할 필요가 없다. 그들이 말씀 안에 거하는 한!
- **말씀으로 다른 사람들을 섬기게 된다.** 큐티를 지속하면 영혼 속에 말씀이 풍성히 거한다. 묵상에 의해서 갖게 된 말씀은 공부해서 얻게 된 말씀과는 다르다. 묵상은 우리의 마음과 영혼 속에 저장된다. 공부한 것은 우리의 머리 속에 남게 된다. 골로새서 3장 16절은 말한다. "그리스도의 말씀이 너희 속에 풍성히 거하여 모든 지혜로 피차 가르치며 권면하고…" 피차 가르치지 못하는 이유는 우리 내부에 하나님의 말씀이 풍성히 거하지 않기 때문이다. 특히 원리 중심 큐티를 하면 하나님의 진리들이 마음과 영혼 속에 쌓이게 된다. 그리하여 처음에는

혼자서 은혜를 받고 하나님과 교제하기 위해서 큐티를 시작하지만, 큐티가 성숙하면 내가 받은 은혜를 통해 다른 사람을 섬기게 된다.

큐티 보관하기

이 글을 쓰기 위해서 나는 집에 있던 큐티 노트들을 교회로 운반했다. 지금 함께 큐티 훈련을 하는 훈련생들에게 큐티 노트를 보여 주었더니 충격을 받았다. 첫째는 이렇게 큐티를 못했단 말인가, 둘째는 그럼에도 불구하고 이렇게 오랫동안 큐티를 했단 말인가 하며 놀라는 것이다. 나의 신앙을 지켜 주고 성숙시켜 준 것은 다름 아닌 큐티였다. 나는 다른 것은 다 놓아도 큐티와 묵상을 통한 기도만큼은 놓고 싶지 않다.

큐티를 보관하면 참 유익하다. 자기 신앙의 레코드가 되기 때문이다. 가끔 몇 년 묵은 큐티 노트를 들추면 참 재미있다. 내가 이렇게 유치한 묵상을 했었구나…, 그럼에도 불구하고 하나님께서 나를 귀엽게 보아 주셨구나…, 내가 이런 기도를 했었구나…, 하나님이 나에게 이런 음성을 들려주셨구나… 등등 하나님과 나와의 아름다운 추억이 곳곳에 묻어 있다. 마치 애인에게 온 편지를 꺼내 보는 기분이다.

큐티를 보관하면 그 자체가 나를 인도하신 하나님의 섬세한 손길을 간직하는 일이 된다. 우리가 하나님의 신하심과 축복을 일일이 다 기억할 수 있다면 좋겠는데, 그렇지 못하다. 하지만 큐티를 기록하고 보관하면 은혜와 축복을 까먹을 염려가 없어진다.

나는 처음에는 네비게이토 선교회에서 나온 20공 바인더에 큐티를 기록했다. 나를 도와 주던 리더가 만날 때마다 큐티를 점검했기 때문이며, 아예 큐티 하라고 그 바인더를 사 주었기 때문이다. 그 후 약 십 년 동안 그 바인더에 큐티를 했으니 그 양이 엄청나다. 미국으로 유학 와서 랩탑 컴퓨터를 산 1994년부터는 컴퓨터에 직접 큐티를 했다. 그전까지는 큐티를 썼지만, 그 이후부터는 큐티를 '쳤다.'

컴퓨터에 큐티를 기록하면 그 유익이 엄청나게 증가한다. 무엇보다도 내가 필요로 할 때 적절한 큐티를 열람하기가 쉬워진다. 만약 큐티에 제목을 붙여 나간다면 설교나 강의, 성경 공부, 워크숍을 할 때 주제에 맞는 큐티를 끄집어내기가 아주 편리하다. 하나님은 종종 시리즈로 말씀을 주신다. 그러면 큐티 제목을 시리즈별로 붙여 놓는다. 이렇게 하고 난 후 약 한 달 간의 큐티를 모아 따로 파일을 만들어 저장하기도 하고, 주제별로 또 따로 떼어 아예 설교나 강의 재료로 보관하기도 한다.

어떤 형태든지 큐티는 기록하는 것이 좋다. 괴테는 "독서는 해박한 사람, 대화는 민첩한 사람, 필기는 정확한 사람을 만든다"고 말한 적이 있다. 참으로 맞는 말이다. 또 폴크너라는 사람은 "나는 내가 말했던 것을 글로 읽기 전에는 내가 무엇을 생각하는지 알지 못한다"라고 말했다. 모두 다 기록의 중요성을 강조한 말이다. 큐티를 기록하다 보면 처음에 생각하지 않았던 심오한 깨달음이 손끝을 통해 풀어지는 것을 경험한다.

큐티 활용하기

몇달 전에 창세기로 큐티를 했다. 하나님이 섭리하신 요셉의 일생을 묵상하며 많은 깨달음을 얻었다. 특히 요셉이 형들을 용서하고 그들의 복지를 보장해 주는 장면은 감동 그 자체였다. 요셉을 통해서 그리스도인의 성공의 의미를 깨닫게 되었다. 요셉은 자신의 성공을 자신만을 위해서 사용하지 않았다. 그는 자신을 팔아 넘겼던 형들의 삶도 책임지는 모습을 보이고 있다. 아버지 야곱의 삶도 책임을 지게 되었다. 결국, 요셉의 성공은 하나님이 선택하신 야곱과 그의 가족 모두의 성공을 의미하는 것이었다. 이것이 하나님의 사람의 형통이다. 요셉 개인의 성공은 공동체적인 성공으로 승화되고 있다.

성경에 소개되고 있는 형통했던 사람들은 대부분 남을 이롭게 하는 사람이었다. 진정한 성공은 남을 이롭게 하는 것이다. 성공의 목표는 섬김에 있다. 이런 성공의 원리는 큐티에 있어서도 마찬가지이다. 큐티를 잘해서 결국은 무엇을 하자는 것인가? 속이 깊은 사람, 내면이 충만한 사람이 되는 것인가? 맞다. 그렇다면 그런 사람이 되어서 결국 어쩌자는 것인가? 이것이 큐티를 하는 사람의 근본적인 질문이어야 한다. 큐티를 잘해서 남 좋은 일 하자는 것이다. 큐티를 지속함으로써 하나님의 음성을 듣고 그 뜻을 분별한 사람이 자신보다 연약한 사람을 말씀으로 돕는 사역을 하자는 것이다.

단지 큐티를 잘하는 것 가지고는 딱히 내세울 만한 것이 못된다. 큐티한 결과를 통해 영혼들을 섬기는 것, 그것이 하나님이 성숙한 큐티를 통해서 궁극적으로 원하시는 일일 것이다.

평신도로서 큐티를 활용하는 길은 많다. 우선 큐티 나눔방을 통하여 하나님이 들려주신 말씀을 나누는 것이다. 이것은 큐티를 막 시작한 분들에게 결정적인 도움이 된다. 또한 개인적으로 영적인 도움이 필요한 사람들과 일주일에 한 번씩 기간을 정해 놓고 만나면서 큐티를 점검하고 서로 나누기만 해도 그 영혼이 말씀 안에서 성장하도록 돕는 일이 된다. 평신도 지도자라면 큐티를 통해 받은 말씀을 잘 정리해서 구역 모임이나 순 모임에서 가르칠 수 있다.

목회자로서 큐티를 활용하는 것에 대해서는 앞에서 이미 언급한 바 있다. 목회자의 큐티는 설교의 재료로, 강의의 주제로, 성경 공부로, 워크숍으로, 그 어디든지 활용 가능한 정보와 통찰력의 보고(寶庫)이다. 그런데 지식이 아무리 많아도 그것을 잘 활용하지 못하면 별로 가치가 없다. 그러므로 우리에게는 지혜가 필요하다. 지식을 활용하는 것이 지혜이기 때문이다. 우리 주위에는 각종 정보들이 넘치고 있다. 그것들이 제발 자신을 사용해 달라고 아우성친다. 이런 가운데 진정한 문제는 그 넘실거리는 정보를 어떻게 효과적으로 활용하느냐 하는 것이다. 큐티를 통해 묵상이 깊어지면 하나님이 주시는 통찰과 지혜가 생겨서 주어진 정보와 지식을 적절하게 활용할 수 있게 된다.

하지만 무엇보다도, 큐티는 나와 하나님과의 깊은 내면의 교제이다. 영적인 사귐이다. 그러므로 나의 큐티가 활용되지 못한다고 안달할 필요는 없다. 그 대신 깊고 은밀한 주님과의 교제 속으로 자꾸만 빠져 들어가 보자. 언젠가는 하나님이 그것도 활용할 수 있는 기회를 주실 테니까….

8

서양 사람보다 동양 사람이
큐티를 훨씬 더 잘할 수 있다

동양적 직관 사고

　　사람의 뇌는 왼쪽 뇌와 오른쪽 뇌로 갈라져 있다. 왼쪽 뇌는 논리적 및 언어적 기능을 맡고, 오른쪽 뇌는 직관적이고 창의적인 기능을 맡는다. 따라서 왼쪽 뇌는 공간에 구조를, 그리고 오른쪽 뇌는 공간을 채운다. 왼쪽 뇌는 단계적 순서를 밟고, 오른쪽 뇌는 순서를 무시하고 앞서가 있다. 왼쪽 뇌는 분석적 기능을 수행하고, 오른쪽 뇌는 종합적 기능을 수행한다.

　　왼쪽 뇌와 오른쪽 뇌의 기능을 비교해 보면, 마치 동양과 서양의 다른 점을 비교하는 것과 비슷하다. 서양 사람들은 대체적으로 조직적이며 체계적이다. 동양 사람들은 대체적으로 비조직적이며 비체계적이다. 서양 사람들은 분석적이고 동양 사람들은 직관적이다. 서양 사람들은 잘게 잘라 놓기를 좋아하고 동양 사람들은 그것을 붙여서 한꺼번에 보기를 좋아한다. 서양 사람은 흰 종이에 빽빽하게 그림을 그려 넣는다. 동양 사람은 흰 종이에 흰 여백을 그대로 남겨 놓는다. 그러면서 그 여백 속에 무엇인가가 있다고 말한다.

기독교는 동양에서 시작되었지만 서양 학자들에 의해서 먼저 연구되고 정리되었다. 자연히 기독교 신학의 흐름과 성향은 서양적이다. 따라서 서양의 학자와 선교사들에게서 복음을 전해 들은 동양 사람들은 서양식으로 기독교를 이해하고 경험하려는 경향을 갖게 되었다.

분석과 이해에 의존하는 서양식 교육에 익숙한 탓인지 우리는 하나님의 말씀을 '쪼개려' 한다. 우리는 말씀을 잘 전하는 설교자들을 곧잘 말씀을 잘 쪼갠다고 표현한다. 이런 경향은 큐티하는 방법에도 영향을 주었다. 큐티가 어렵게 느껴지는 큰 이유 가운데 하나는 큐티를 성경 공부로 생각하거나 성경 공부하는 식으로 하기 때문이다. 즉 말씀을 분석하고 이해한 후 묵상하려 한다. 본문을 나누고 쪼개려 한다.

동양식 사고는 분석에 의존하지 않는다. 직관에 의존한다. 서양식 사고는 공간 안에 무엇이 존재하고 있다고 가정하고, 그것이 무엇인지 표현해 내려 한다. 동양식 사고는 공간 안에 무엇이 없어도 좋다. 그러나 없는 그 무엇이 인식될 때까지 기다린다. 그것이 인식될 때 동양 사람은 그 공간 속에 그것이 전부터 있었다고 말한다.

우리가 추구하는 큐티는 분석적이라기보다 직관적이다. 본문을 자르고 쪼개기보다는 구절 구절을 종합한다. 말씀을 파헤쳐 들어가기보다는 말씀이 통째로 전해 오기까지 기다리는 것이다. 말씀이 걸려 있는 공간 속에서 말씀을 찾아내는 것이 아니라 공간 속에서 말씀을 인식해 내는 것이다. 그렇기 때문에 큐티를 잘하려면 우리가 지금까지 받아 왔던 익숙한 서양식 사고법을 버려야 한다. 묵상의 대상인 말씀을 향하여 우리가 가지고 있는 사고의 격자를 벗어 버려야 공간 속에 보이지 않던 말씀이 드러나게 되는 것이다.

말씀으로 도 닦기

동양의 사상가들이 결국 끊임없이 추구해 왔던 것은 도(道)이다. 그들은 이 도를 찾기 위해 세상을 뒤로하고 산속으로 들어갔다. 인적이 드문 곳을 찾아갔다. 자신을 버리기 위해 수행했다. 그러면 동양 사람들이 말하는 도는 무엇일까? 중국의 장자(莊子)는 도를 이렇게 말했다.

말하여질 수 있는 도는 영원한 도가 아니요 이름할 수 있는 이름은 영원한 이름이 아니다. 이름이 없는 것은 천지의 시원 상태요 이름이 있는 것은 만물의 어머니이다. 그러므로 항상 무욕(無慾)에서 그 묘함을 보고, 유욕으로는 그 차별상을 보게 된다. 이 양자는 같은 곳에서 나온 것이나 이름은 다르다. 같은 것이기에 양현하다 하며, 유현하고도 양현하여, 양현한 묘용 속에서 여러 가지 미묘한 현상이 나오고 있는 것이다.

미묘하고 묘용하니… 정신이 몽롱해진다. 도대체 무슨 말인지 하나도 모르겠다. 그도 그럴 것이 이것을 말하고 학습하는 사람들도 도가 무엇인지 정확하게 아는 것은 아니다. 그냥 모르기로 결정한 것이다.

굳이 자신들이 가지고 있는 언어로 표현해 내려 하지 않는다. 동양의 도는 그것이 이름하여지고 말하여진다면 그 실체에서 점점 멀어진다는 동양식의 인식론에서부터 출발하는 것이기 때문이다.

도가 무언지 잘 모르지만 어쨌든 동양의 철학자들은 도라는 것이 원래부터 존재한다고 생각했다. 그것이 세계의 근원이고, 만물을 다스리는 원리라고 믿었다. 그 도를 깨우치면 사물의 이치를 알게 되기 때문에 수행과 고행을 통해 도를 닦으려 했다.

그리스도인들에게도 도가 있다. 그리스도인들 역시 도를 닦는 사람들이다. 우리에게 필요한 도는 한마디로 '하나님 그 자체'요 하나님의 섭리에 의한 '십자가의 도'이다.

동양의 철학이 알 듯 말 듯한 도를 찾기 위해 고행할 때, 그리스도인에게는 "태초에 하나님이 천지를 창조하셨다"는 절대 명제가 주어졌다. 동양의 현자들이 "도가 언제부터 존재했느냐"고 묻고 있을 때, 우리 그리스도인에게는 "나는 스스로 있는 자"라는 해답이 주어졌다. 그들이 인간의 무목적, 무의지성으로 괴로워할 때, 우리에게는 "너희는 나의 증인, 나의 종으로 택함을 입었나니 이는 너희로 나를 알고 믿으며 내가 그인 줄 깨닫게 하려 함이라"는 인간(그리스도인)을 향한 절대자의 의지와 목적이 주어졌다. 동양의 철학자들이 인간의 수행과 깨달음으로 세계의 근본인 도를 추구해 나갈 때, 우리에게는 '십자가의 도'가 주어진 것이다.

십자가의 도는 인간이 하나님의 피조물이며 그분의 기뻐하심을 입은 복된 자녀였다는 깨달음에서부터 출발한다. 세계의 근본이신 하나님이 각 사람을 어떤 특정한 목적을 가지고 창조하셨다는 사실에서 우주의 기원을 찾는다. 피조물인 인간은 당연히 조물주인 하나님의 소유로서 그분의 목적과 의지를 받아들이는 것을 존재의 본분으로 인식한다.

조물주를 의지적으로 떠난 부정한 인간에게는 스스로 그 관계를 새롭게 할 아무런 능력도 방법도 없다. 그렇기 때문에 조물주가 제시한 새롭고도 간단한 방법을 받아들여야 하는데, 그것이 바로 예수 그리스도이다. 모든 사람들은 이 예수 그리스도를 받아들임으로써 자신의 존재 목적을 발견하고 원래부터 계획되어 있던 하나님의 의도대로 나머지 삶을 살아가게 된다. 그 삶은 하나님을 알고 그분과 교제함으로써 그분의 인격을 닮아 가는 삶을 의미한다. 이것이 십자가의 도이다.

동양의 현자들이 현실의 모든 문제를 초월하여 도를 닦았듯이 그리스도인들도 도를 닦아야 한다. 그리스도인도 도를 닦아야만 삶의 모든 문제를 새로운 시각에서 해석할 수 있게 된다. 도를 닦는 일을 소홀히 한다면, 아무리 오래된 그리스도인이라 하더라도 인생의 문제를 바라보는 시각은 유치할 수밖에 없다.

다시 말하면, 그리스도인이 생활 속에서 창조주이신 하나님의 음성을 듣고 함께 동행하는 일을 훈련하지 않으면 현실의 문제를 초월할 영적인 힘을 얻을 수 없는 것이다.

동양의 철학은 현실의 삶을 초월하여 득도하기 위해 산속으로 들어가 수련한다. 인간의 모든 욕망을 벗어나 밀리 있는 보일 듯 말 듯한 도를 찾으려고 애를 쓴다. 그렇다면 그리스도인들은 어떻게 도를 닦고 있는가? 도의 실체를 이미 알고 있는 우리는 어떻게 그 도를 추구하고 있으며, 그것을 통해 어떻게 삶의 문제를 재해석하고 있는가?

큐티를 하는 것은 마치 도를 닦는 것과 같다. 큐티를 하면 현실의 문제를 떠날 수 있다. 큐티를 하면 자신을 떠날 수 있다. 삶의 환경을 떠나 저만치 서서 환경을 바라볼 수 있다. 산속에 들어가지 않아도 내면의 산속에 들어갈 수 있다. 그 속에서 평소에 듣지 못하는 소리를 듣는 것이다. 깨닫지 못하는 것을 깨닫는 것이다. 큐티하는 사람은 모두 도 닦는 사람들이다.

동양식 득도(得道)법

동양의 수행자들은 자신을 비움으로써 도에 이르려 했다. 자신의 생각을 잊고 자신의 존재마저 잊어버릴 수 있을 때 도의 실체에 가까이 접근할 수 있다고 생각했다. 이들이 득도를 위해 사용했던 수양법들을 살펴보면 그 사실을 금방 알 수 있다.

심재(心齋)

심재는 공자와 안회의 대화를 통하여 설명되고 있다. 공자가 안회에게 심재에 대하여 이렇게 설명한다.

너는 먼저 마음을 집중시켜라 귀로 듣지 말고 마음으로 들어라. 그리고 마음으로 듣지 말고 기(氣)로 들어라. 귀는 단지 소리를 들을 뿐이며 마음은 사물을 아는 데 그칠 뿐이다. 그러나 기(氣)는 허(虛)하여 모든 사물을 받아들인다. 도는 오직 이 허한 심지(心地)에만 모인다. 허하게 되는 것이 곧 심재이다.

심재는 인간의 모든 감각 기관과 마음을 깨끗이 비움으로써 자기 자신을 사라지게 하는(허하게 하는) 방법이다. 이 허의 경지에 이르면 자연히 자신과 현상 사이의 간격이 없어지는 물아양망(物我兩忘)의 상태가 실현된다.

전일(專一)

전일은 전심일지(專心一志), 즉 마음을 온전히 하고 뜻을 하나의 대상에만 집중하는 것이다. 마음을 온전히 한다는 것은 잡념이 끼여들지 않게 하는 것이다. 마음이 잡념을 개입시키지 않고서 어떤 하나의 대상에 몰두하는 것이 전심일지이며 이는 정신 집중과 같은 것이다.

좌망(座忘)

좌망은 단좌하고서 일체의 물아, 시비, 차별을 잊는 정신 상황이다. 장자는 공자와 안회의 대화 속에서 이를 다시 설명하고 있다.

> 안회가 말하기를 "저는 진보하였습니다"라고 하니 공자라 말하기를 "무엇을 일컫는가?" 하였다. "저는 예악을 잊었습니다." 다른 날 다시 뵙고 말하기를 "저는 진보하였습니다." "무엇을 일컫는가?" "저는 인의를 잊었습니다." "좋다. 그러나 아직 부족하다." 다른 날 다시 뵙고 말하기를 "저는 진보하였습니다." "무엇을 일컫는가?" 하니 "저는 좌망하였습니다"라고 하였다. "좌망이 무엇인가?" 안회가 말하기를 "육신을 무너뜨리고 총명을 내쫓고 형체를 떠나며 지식을 버리고 대통(大通)과 함께 하는 것, 이것을 좌망이라고 합니다"라고 하였다.

즉 좌망은 인의예악(仁義禮樂)을 잊은 뒤에 이르게 되는 정신적 경지임을 말한다. 이는 감각의 작용을 의식하지 않는 상태이며, 보고 듣고 있다는 의식조차 없는 채 보고 듣는 것을 가리킨다. 또 일체의 심리 작용을 의식하지 못하여 사려 분별 작용, 감정 작용, 의지 작용이 의식되지 않는 상태이다. 이러한 경지에 이르면 현실 세계는 물론 일체의 외부 사물들과 나 자신의 존재조차도 잊음으로써 물아양망의 경지로 진입하는 것이다.

성경에 나타난 동양식 수양

큐티는 새벽 오히려 미명에 한적한 곳으로 가셔서 기도하셨던 예수 그리스도를 그 모본으로 하고 있다. 예수 그리스도께서 기도하시던 모습을 보면, 위에서 언급한 심재, 전일, 좌망의 요소가 모두 들어 있다.

먼저, 예수 그리스도는 자신을 찾아오는 수많은 무리와 그들의 요구가 산재해 있음에도 불구하고 모든 상황을 잊고 허의 경지에 도달하신 것을 볼 수 있다. 만약 군중의 요구만을 계속 생각하셨다면, 그리스도는 모든 일들을 효과적으로 해석하고 처리할 수 있는 능력을 상실하셨을 것이다.

겟세마네 기도에도 예수님의 심재가 나타난다. 죽음을 눈앞에 둔 절박한 상황에서 그분이 자신을 잊지 않으셨다면 모든 인간을 구원하기 위해 십자가를 져야 한다는 하늘의 음성을 들으실 수 없었을 것이다.

예수님이 혼자 가지셨던 조용한 시간 속에는 전일의 요소가 흘러 넘치고 있다. 주님은 오로지 하늘의 뜻을 분별하려는 데 마음을 모으셨다. 주님의 기도에는 '땀방울이 핏방울이 될' 정도의 정신 집중이 있었던 것이다.

또한 주님의 명상에는 좌망이 있다. 무릎 꿇고 앉으신 예수님은 사실 자기 자신을 잊으신 것이다. 자신의 이익과 유익, 아니 어쩌면 자신이 지금 처리해야 할 일들에 대해서도 완전히 잊으시고 하늘을 응시하셨다. 이것이 예수님으로 하여금 십자가 위에서 친히 당하신 죽음의 공포와 육신의 고통을 잊고 "다 이루었다"라고 말씀하실 수 있게 하는 힘이 되었다.

그리스도인의 큐티는 성경을 해석하거나 연구하는 과정의 하나로 간주되어서는 안될 것이다. 큐티는 동양의 명상가들이 행했던 것처럼 자신을 잊고 하나님의 말씀에 집중함으로써 들려 오는 하늘의 음성에 반응하는 것이다. 우리가 현실 세계에 얽매여 있으면 하나님의 뜻을 발견할 수 없다. 자신의 문제에 집착하고 있으면 하나님의 음성을 들을 수 없다.

큐티를 할 때, 아무리 말씀을 분석하고 이해하려 해도 하나님의 말씀이 들려 오지 않는 이유는 '자기를 떠나지 않았기' 때문이다. 예수 그리스도께서는 당신을 따라오는 제자들에게 이렇게 말씀하셨지 않은가?

아무든지 나를 따라오려거든 자기를 부인하고 날마다 제 십자가를 지고 나를 좇을 것이니라"(눅 9:23).

사도 바울도 그의 편지에서 "그리스도 예수의 사람들은 육체와 함께 그 정과 욕심을 십자가에 못박았느니라"(갈 5:24)고 말했다.

동양식으로 접근해 보는 큐티

그러면 이제 큐티를 어떻게 할 것인가? 성경 본문을 분석하고 해석할 것인가?

나는 동양의 수양법이 대상과 목적은 잘못되었지만, 그 방법에 있어서는 탁월하다고 생각한다. 우리가 동양의 수행자들이 도를 닦았던 것처럼 십자가의 도와 하나님의 말씀을 진지하게 추구해 나간다면, 지금보다 훨씬 더 많은 깨달음을 얻을 것이라고 확신한다.

이제부터는 우리 안에 원래부터 내재되어 있는 동양적 직관을 사용해 보자. 분석하고 해석하려는 왼쪽 뇌의 활동보다는 전체를 보고 깨달음을 얻고자 하는 오른쪽 뇌의 활동을 자극해 보자.

다음은 동양의 수양 방법을 큐티에 구체적으로 적용한 것이다.

고독(홀로 있음)과 침묵(solitude and silence)의 시간을 몇 분 간 갖는다.

고독과 침묵은 초대 교부들이 영성 훈련의 방법으로 많이 사용했던 것으로, 리처드 포스터도 많이 언급한 방법이다. 그런데 이것은 동양의 좌망과 그 의미가 상통한다. 이는 말씀을 읽기 전에 모든 소리를 차단하고 조용한 곳에서 무릎 꿇고 가만히 있는 것이다. 동양에서는 이것을 소요(逍遙)라고 하지만 그리스도인에게는 '하나님과 함께 하는 시간

(being alone with God)'이다. 이 시간은 아무것도 생각하지 않고 아무 말도 하나님께 하지 않고, 자신의 상황도 계획도 할 일도, 그 일체를 잊는 것이다. 다시 말하여 이 과정을 통해 자신을 잊고 현실을 초월하는 것이다.

선정된 본문을 읽는다.

말씀을 읽되 "귀로 듣지 말고 마음으로, 마음으로 듣지 말고 영(靈)으로 듣는 것"이다. 말씀을 귀로 듣는다면 단지 소리를 들을 뿐이며, 마음으로 듣는다면 단지 사물의 내용을 아는 데 그칠 뿐이다. 말씀을 영으로 듣는다는 것은 우리의 마음을 완전히 비우고 듣는 것이다. 자신이 처한 상황, 현재의 일들, 사람들과 관계 등에서 완전히 떠나는 것이다.

직관을 사용하라.

말씀 묵상에서 가장 중요한 것은 관찰이다. 정확한 관찰은 정확한 묵상으로 가는 지름길이다. 정확한 관찰을 위해, 우리는 앞에서 '묵상을 위한 일곱 가지 안경'을 쓰는 방법을 공부했다. 그런데 직관은 이런 관찰 자체를 넘어가는 것이다. 마치 동양화를 보는 것과 같다.

동양화는 산과 강이 만나는 곳에 여백을 남겨 놓는다. 서양식 관찰에 익숙한 우리는 대번에 "공간이 비었다"고 말할 수 있다. 그러나 직관의 세계에 들어가면 다르다. 그 여백을 한참 들여다보라. 그러면 그 곳에서 밀짚모자를 쓴 사공이 한가롭게 노 저어 강 이쪽에서 산기슭으로 가는 모습을 볼 수 있다. 물론 이것이 쉽지는 않다. 그러나 자꾸 해보면 결국은 사공이 보이게 된다.

이 책에 소개된 본문 큐티는 다소 서양식 관찰에 의존하고 있다. 그러나 원리 중심 큐티는 다분히 동양식이다. 직관에 의해 묵상하기 위해서는 성경을 저자의 입장에서 보는 것이 필요하다. 표현되어 있는 내용보다 저자의 의도를 가슴으로 받아들여 보라. 또 한 가지, 하나님이 사람들을 다루시는 원리에 초점을 맞추어 보라. 그러면 표면에 드러난 말씀보다는 이면에 숨어 있는 원리가 직감적으로 다가올 것이다.

마음가는 대로 적어 보라.

큐티는 형식이 없다. 잘된 큐티라는 것도 없고 잘못된 큐티라는 것도 없다. 하나님 말씀으로 나의 마음을 비추어 보는 것이 큐티이다. 묵상하면서 그 내용을 바로 적어 보라. 생각이 정리되면 적어야겠다는 생각을 버리라. 적으면서 정리하라. 자신의 직관이 글을 써 내려가도록 허락해 보라. 처음 묵상했던 것과는 전혀 다른 내용의 글이 나온다는 것을 발견할 것이다. 글쓰기를 통해 직관의 세계로 비상하라! 그 곳에는 하나님의 생생한 육성이 넘쳐 나고 있다.

행동을 바꾸기보다 먼저 사고를 바꾸는 적용을 하라.

큐티를 처음 하는 사람들이 가장 어려워하는 것은 큐티의 적용이다. 또 큐티를 오래 해온 사람들이 어려워하는 부분 역시 적용이다. 처음 하는 사람들은 무엇을 적용해야 할지 몰라 어려워하고, 오래 해온 사람들은 그 동안 많은 적용을 했기 때문에 새롭게 적용할 것이 없어서 어려워한다.

우리는 큐티를 처음 배울 때 반드시 적용을 하라고 배웠다. 그 적용은 실제적이고, 가능하고, 개인적인 것이어야 한다고 배웠다. 그런 적용들은 대부분 행동의 변화를 요구하는 것들이었다. 그런데 생각해 보자. 적용이 반드시 행동을 바꾸는 것이어야 하는가?

행동을 바꾸는 것보다 중요한 것은 사고를 바꾸는 것이다. 행동을 바꾸는 것이 삶의 표면에 드러나 있는 부분에 손을 대는 것이라면, 사고를 바꾸는 것은 삶의 내면에 있는 부분에 손을 대는 것이다. 행동을 바꾸는 데 초점을 맞추면 맘에 들지 않는 행동 하나하나를 모두 찾아가며 바꿔야 한다. 그러나 사고를 바꾸면 행동은 따라서 바뀔 수 있다. 왜냐하면 행동을 조정하고 있는 것은 바로 사고이기 때문이다.

사고를 바꾸는 적용을 하는 것이 중요하다. 지금 당장 행동으로 나타나지는 않겠지만, 마음 깊은 곳에 심겨진 심오한 깨달음은 이미 모든 행동을 바꿀 준비를 하고 있는 셈이다. 이런 적용은 묵상 속에 묻혀 있다. 사실, 그것이 적용인지 아닌지도 잘 구분이 가지 않는다. 자신의 마음 깊은 곳에서부터 터져 나온 묵상은 글을 써 내려감에 따라 이미 마음에 적용이 되어가고 있는 것이다.

기독교는 분석의 종교가 아니다. 서양식 학습법에 익숙한 우리, 그리고 서양식으로 하나님에게 다가갔던 우리에게 동양적 직관은 많은 것을 가르쳐 준다. 미지의 신, 몰규정의 도를 향한 그들의 놀라운 수양법은 오히려 현대 그리스도인들을 부끄럽게 하고 있다. 하나님은 서양과 동양 모두의 하나님이시다. 따라서 그분을 향한 몸부림도 어느 한 쪽에

치우친 방법이 아닌 전체적이고도 통합적이어야 할 것이다. 하나님은 우리의 주인이시다. 온 우주의 주재시다. 그리고 모든 만물의 근원이신 완전한 도(道)이시다.

미카엘 미톤, 「귀를 기울이는 지혜」, 두란노, 1986.

워렌 베니스, 「뉴리더의 조건」, 김영사, 1993.

장경철, 「금방 까먹을 것은 읽지도 마라」, 낮은울타리, 1997.

하워드 헨드릭스, 「삶을 변화시키는 성경 연구」, 윌리엄 헨드릭스, 디모데, 1993.

두란노 출판부 편집, 「큐티 자료 모음 1집」, 두란노, 1985.

두란노 출판부 편집, 「큐티 자료 모음 2집」, 두란노, 1988.

두란노 출판부 편집, 「큐티 자료 모음 3집」, 두란노, 1990.

두란노 출판부 편집, 「QT의 이론과 실제」, 두란노, 1988.

라채광, 「큐티가 어려우십니까」, 두란노, 1990.

강준민, 「묵상과 영적 성숙」, 두란노, 1997.

강준민, 「뿌리 깊은 영성」, 두란노, 1998.

「성경 공부 인도법」, 네비게이토, 1985.

조만제, 「여가를 만드는 사람이 세계를 움직인다」, 두란노, 1997.

로날드 클럭, 「영혼의 일기와 영적 성숙」, 두란노, 1999(개정판).

찰스 핸디, 「헝그리 정신」, 생각의 나무, 1998.

폴 투르니에, 「귀를 핥으시는 하나님」, 도서출판 불꽃, 1998 .

프랭크 호튼, 「조용한 시간」, 생명의말씀사, 1995(4판).

짐 다우닝, 「묵상」, 네비게이토, 1988.